Das mache ich doch mit links!

Nick & Martina Tschirner

DAS EINHÄNDER-KOCHBUCH

INHALT

NEW YORK
Broadway
DENIM

Mit nur einer Hand kochen? Ja klar, mit Hilfsmitteln!

Ich habe schon immer gern gekocht, angefangen als kleiner Steppke auf dem Kinderstuhl stehend, später um Freundinnen zu beeindrucken. Als ich 2007 einen Unfall hatte, schien erst mal alles vorbei. Ich musste nicht nur laufen und sprechen wieder neu erlernen, ein schweres Schädel-Hirn-Trauma hatte meinem rechten Arm auch eine nervende Ataxie beschert. Was bedeutet, ich kann heute nicht mehr mit rechts schreiben, auch kein Glas oder keinen Kochlöffel gezielt greifen, weil mein Arm oft einfach so wackelt, macht, was er will!

Während meines langen Reha-Aufenthalts habe ich auch andere Menschen mit Handicap kennengelernt, die ebenfalls nur noch einhändig arbeiten können. Und es gibt noch viel mehr. Oft sind es einseitige Lähmungen, die ihnen das Leben schwerer machen, unsere Behinderungen meist Folgen von Unfällen, Gehirn-OPs oder Schlaganfällen. Ihnen allen will ich mit meinem Buch Mut machen, nicht aufzugeben und dem Rest der Welt zu zeigen, was wir alles können. Vor allem deshalb, weil für viele Mitmenschen ja oft wichtiger scheint, was wir nicht können!

Bleibt noch die Frage, warum selber kochen, wo es doch heute schon fast alles fertig gibt? Und es dazu mit einer Hand definitiv länger dauert, als mit zwei! Dafür habe ich zumindest mehr als zwei Gründe. Einige davon zeigen auch ganz klar, dass ich Mitglied von Slow Food bin. Hier sind sie: Ich will selber kochen, weil ich gut und frisch kochen und essen will, wissen will, was in meinem Essen drin ist, Zutaten der Saison, von denen ich weiß, woher sie kommen, zubereiten will, gern kreativ bin und Rezepte ausprobiere, es auch mag, für andere zu kochen. Und, weil ich es kann! Auch mit nur einer Hand!!!

Was ich beim Ausprobieren der Rezepte – viele von meiner Mutter – gelernt habe: Schon beim zweiten Mal geht alles besser, Übung macht den Meister. Das heißt, Geduld ist wichtig, auf Zeitvorgaben zu den Rezepten haben wir deshalb verzichtet. Unbedingt braucht man ein paar spezielle Hilfsmittel wie meine Arbeitsstation oder das Einhänderbrett.
Und wenn die Zeit zum Gemüseputzen mal nicht da ist, gibt es zur Not auch schon geschnittenes tiefgekühltes. Dazu kommt eine gute Planung. Die Rezepte im Buch sind deshalb anders aufgeteilt als in gängigen Kochbüchern, eignen sich so auch gut für Anfänger!

Denn fast jeder kann kochen – viel Freude dabei wünschen

Nick & Martina

Arbeitsgeräte

Ohne ein Einhänderbrett aus dem Sanitätshandel oder Internet-Shop geht's nicht, weil alles, was klein geschnitten werden soll, fixiert werden muss. Noch praktischer und ein richtiges Multitalent ist eine Arbeitsstation. Beide, Brett und Arbeitsstation, sollten vier Saugnäpfe an der Unterseite haben, damit sie fest stehen. Und zwar auf einer rutschfesten Unterlage – kein Holz – sonst haften die Saugnäpfe nicht.

Nicht abgebildet, aber ebenso wichtig für die Arbeit in der Küche sind ein gutes Kochmesser und ein kleineres Küchenmesser. Sie sollten immer griffbereit sein, ebenso wie Esslöffel und Teelöffel, die wir in den Rezepten nicht extra aufgeführt haben.

Mehl, Zucker und Gewürze lassen sich mit einem Löffel und einer Hand gut abmessen, Flüssigkeiten nicht! Deshalb haben wir fürs Abmessen von Öl usw. die Mengenangaben in Milliliter gemacht. Ein kleiner Messbecher ist hier nützlich, 1 EL entspricht 10 ml.

Für das Kochen selbst sind schwere Töpfe wichtig, zum Hantieren mit dem Topf, z.B. Nudelabgießen, am besten mit Stiel.

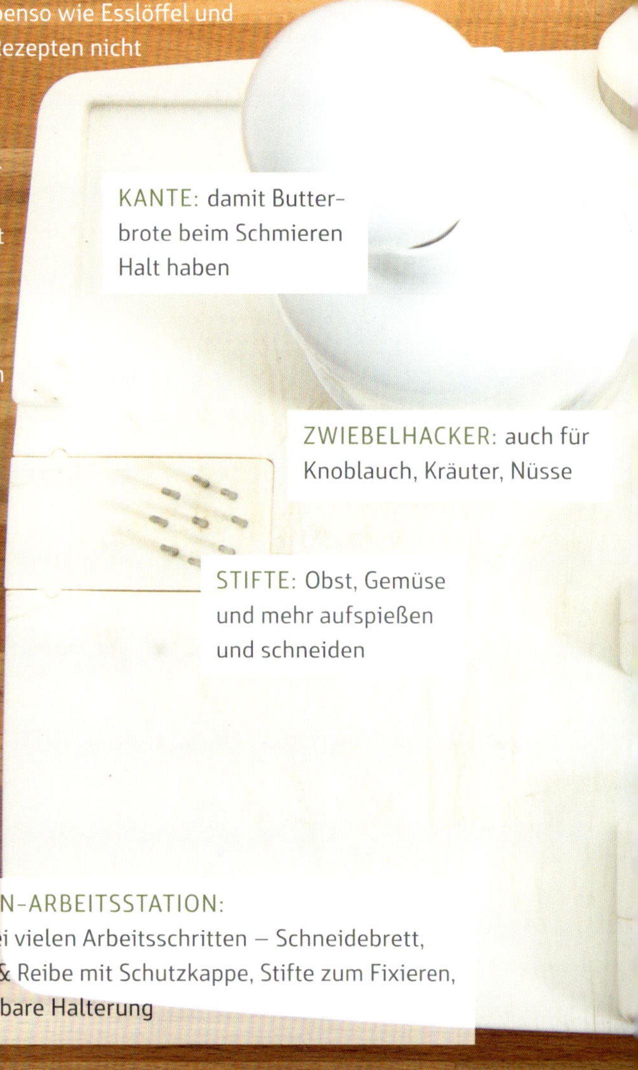

KÜCHEN-ARBEITSSTATION: Hilfe bei vielen Arbeitsschritten – Schneidebrett, Raspel & Reibe mit Schutzkappe, Stifte zum Fixieren, verstellbare Halterung

EINHÄNDERSCHNEIDEBRETT: mit Haltegabel zum Fixieren und Stiften, damit z.B. das Brot nicht verrutscht
SCHÄLER: für Möhren, Gurken, Kartoffeln
ZANGEN-PFANNENWENDER: was in der Pfanne brutzelt, lässt sich damit leichter wenden
STIELTOPF: wichtig zum Abgießen mit einer Hand
HALTERUNG: zum Schneiden von Brot & mehr, zum Einklemmen von Dosen und Schraubgläsern
RASPEL: für Käse, Gurke, Äpfel

Salate & Kleine

Jamies Salat

für 2 Personen

EINKAUFEN

1 Tüte küchenfertiger Salat

1 bis 2 Mozzarellakugeln

4 Scheiben Parmaschinken

1 Kaki (oder andere Früchte, z.B. Birne, 2 Feigen, 1/2 Honigmelone)

DIESE ZUTATEN SIND SICHER SCHON DA (FALLS NICHT, BITTE KAUFEN)

1/2 Zitrone

1 TL Honig

Aceto Balsamico

Meersalz

frisch gemahlener Pfeffer

Olivenöl

BEREIT STELLEN

Arbeitsstation / Einhänderbrett

kleiner Messbecher

Schraubglas

Zitronenpresse

2 Pastateller oder Schüsseln

ABMESSEN

20 ml Aceto Balsamico

30 ml Olivenöl

DRESSING ZUBEREITEN

Die halbe Zitrone auspressen.

Zitronensaft, Honig, Balsamico, Salz und Pfeffer in einem Schraubglas verrühren.

Olivenöl zugeben, das Glas verschließen und kräftig schütteln.

VORBEREITEN / SCHNEIDEN

Mozzarella in mundgerechte Stücke zerpflücken.

Schinken in dicke Streifen schneiden oder reißen.

Kaki oder andere Frucht waschen, vierteln und längs in dünne Stücke schneiden.

ANRICHTEN

Salat auf zwei große Pastateller (oder in Schüsseln) verteilen.

Mozzarella, Schinken und Fruchtstücken auf dem Salat verteilen.

Darüber das Dressing geben.

Nick ist ein großer Fan vom englischen Starkoch Jamie Oliver, nach einer Idee von ihm ist dieses Salatrezept entstanden.

Salatklassiker: Tomate & Gurke

für 2 – 3 Personen

TOMATENSALAT

EINKAUFEN

5 bis 10 Strauchtomaten, je nach Größe

1 Bund Basilikum oder Petersilie (davon 2 bis 3 Stängel)

DIESE ZUTATEN SIND SICHER SCHON DA (FALLS NICHT, BITTE KAUFEN)

1 Zwiebel

Olivenöl

Weißweinessig

Salz, Pfeffer

BEREIT STELLEN

Arbeitsstation / Einhänderbrett

Wiegemesser

kleiner Messbecher, Schüssel

ABMESSEN

10 bis 20 ml Olivenöl

10 ml Weißweinessig

WASCHEN & ABTROPFEN LASSEN

Tomaten, vom Strauch gelöst

VORBEREITEN / SCHNEIDEN

Tomaten fixieren und kleinschneiden (Stücke oder Scheiben).

Zwiebel schälen und fixiert quer in Ringe schneiden.

Basilikum oder Petersilie von den Stängeln zupfen und mit einem Wiegemesser zerkleinern.

MISCHEN & ABSCHMECKEN

Tomaten, Zwiebelringe und Kräuter mit Olivenöl und Essig mischen.

Den Salat mit Salz und Pfeffer abschmecken.

GURKENSALAT

EINKAUFEN

1 Salatgurke

150 g-Becher Crème fraîche (davon die Hälfte)

1 Bund Dill (benötigt werden 2 bis 3 Stiele oder 1 EL TK-Dill)

DIESE ZUTATEN SIND SICHER SCHON DA (FALLS NICHT, BITTE KAUFEN)

1 Zwiebel (davon die Hälfte)

Weißweinessig

Salz, Pfeffer

Zucker

BEREIT STELLEN

Arbeitsstation / Einhänderbrett

kleiner Messbecher, Schüssel

Zwiebelhacker

Wiegemesser

ABMESSEN

10 ml Weißweinessig

VORBEREITEN / SCHNEIDEN

Gurken mit der Schälvorrichtung an der Arbeitsstation schälen. Dann die Gurke fixieren, in dünne Scheiben schneiden und in die Schüssel geben.

Zwiebel schälen und halbieren, eine Zwiebelhälfte mit dem Zwiebelhacker fein zerkleinern.

Die Spitzen von 2 bis 3 Stielen Dill mit dem Wiegemesser fein wiegen.

MISCHEN & ABSCHMECKEN

Die Gurkenscheiben mit einem 1/2 Becher Crème fraîche, dem Essig und dem Dill mischen.

Den Salat mit Salz und Pfeffer würzen.

Kartoffelsalat nach Johann Lafer

★★★ auf steirische Art mit Kürbiskernöl ★★★

für 3-4 Partionen

EINKAUFEN

500 g kleine festkochende Frühkartoffeln

100 g Schinkenspeckwürfel (davon 2 bis 3 EL)

glatte Petersilie (benötigt wird davon 1 EL gehackt - oder 1 EL TK-Petersilie)

Kürbiskernöl (davon 30 ml)

DIESE ZUTATEN SIND SICHER SCHON DA (FALLS NICHT, BITTE KAUFEN)

1/2 TL Kümmel

1 Zwiebel

1 TL Butter

weißer Balsamessig

100 ml Rinderbrühe (vom Rezept Seite 26 oder aus gekörnter Brühe)

1 knapper EL mittelscharfer Senf

Salz, Pfeffer

BEREIT STELLEN

Arbeitsstation / Einhänderbrett

kleiner & großer Messbecher

3-Liter-Kochtopf mit Stiel, Pfanne

Küchensieb

Zwiebelhacker

Schüssel

ABMESSEN

100 ml Brühe

je 30 ml Weißer Balsamessig und Kürbiskernöl

VORBEREITEN / SCHNEIDEN

Den Kochtopf zu einem Drittel mit Wasser füllen, 1 TL Salz dazugeben.

Die Kartoffeln gründlich waschen, weil sie mit der Schale gegessen werden, und in Salzwasser mit Kümmel gar kochen.

Das dauert 20 bis 25 Minuten.

Die Kartoffeln in ein Sieb schütten, etwas abkühlen lassen.

Zwiebel schälen und mit dem Zwiebelhacker fein hacken.

Die Kartoffeln fixieren und nacheinander je nach Größe halbieren oder vierteln.

Dann in eine Schüssel geben.

MIT DER PFANNE

Für die Marinade in der heißen Pfanne die Butter schmelzen lassen.

Die Zwiebel darin anschwitzen.

Zwiebeln mit Balsamessig ablöschen und mit Brühe aufgießen.

Etwas einkochen lassen, den Senf einrühren und mit Salz und Pfeffer abschmecken.

Marinade in die Schüssel zu den Kartoffeln geben.

Danach die Speckwürfel in der Pfanne ohne Fett kross ausbraten und beiseite stellen.

MISCHEN

Die heiße Marinade und die Kartoffelstücken gut durchmischen.

Marinade und Kartoffeln eine halbe Stunde ziehen lassen.

ANRICHTEN

Speckwürfel zu dem Kartoffelsalat geben, ebenfalls die gehackte Petersilie.

Nochmals alles mischen und mit Salz und Pfeffer abschmecken.

Zum Schluss Kürbiskernöl unter den Salat heben.

Nudelsalat mit Feta

für 3-4 Portionen

EINKAUFEN

Penne (oder andere kurze Nudeln, davon 300 g)

200 g Feta / Schafskäse

200 g eingelegte getrocknete Tomaten

Frühlingszwiebeln (benötigt werden 3)

DIESE ZUTATEN SIND SICHER SCHON DA (FALLS NICHT, BITTE KAUFEN)

Olivenöl

Weißweinessig

Salz, frisch gemahlener Pfeffer

BEREIT STELLEN

Arbeitsstation / Einhänderbrett

Küchenwaage

kleiner Messbecher

3-Liter-Kochtopf mit Stiel

Küchensieb

Salatschüssel

ABWIEGEN & -MESSEN

300 g Penne

50 ml Olivenöl

40 ml Weißweinessig

WASCHEN & ABTROPFEN LASSEN

Frühlingszwiebeln

VORBEREITEN / SCHNEIDEN

Kochtopf mit 2,5 Liter Wasser füllen.

2 TL Salz zugeben.

Wasser zum Kochen bringen.

Die Penne darin etwa 13 Minuten bissfest garen.

Nudeln in das Sieb schütten und abgießen.

Kurz abschrecken und abtropfen lassen.

Zum Abkühlen in eine Salatschüssel geben und mit einem Schuss Olivenöl mischen, damit sie nicht zusammenkleben.

Den Feta über die Nudeln bröckeln.

Die eingelegten Tomaten abtropfen lassen und fixiert in kleine Stücke schneiden.

Von den Frühlingszwiebeln den Wurzelansatz und welkes Grün entfernen und fixiert in Ringe schneiden.

MISCHEN & ANRICHTEN

Feta, Tomaten und Frühlingszwiebeln mit dem restlichen Öl zu den Nudeln geben.

Alle Zutaten mischen und mit Weinessig, Salz und Pfeffer herzhaft abschmecken.

Vor dem Servieren mindestens eine Stunde durchziehen lassen, eventuell nochmal abschmecken.

VARIATION

Statt mit Frühlingszwiebeln schmeckt der Salat auch mit 1 Bund bzw. 100 Gramm Rucola – muss nur gewaschen, aber nicht kleingeschnitten werden!

Krabbencocktail & Senf-Honig-Dip

für 2 Personen

KRABBENCOCKTAIL

EINKAUFEN

200 g Krabben

Mayonnaise (davon 4 EL)

DIESE ZUTATEN SIND SICHER SCHON DA (FALLS NICHT, BITTE KAUFEN)

2 EL Tomatenketchup

1 Spritzer Zitronensaft

Cayennepfeffer

Zitronenscheibe und Dill zum Garnieren

BEREIT STELLEN

Schälchen

2 Cocktailgläser

MISCHEN & ANRICHTEN

Mayonnaise, Ketchup, Zitronensaft in einem Schälchen zu einer Cocktailsauce verrühren.

Mit Cayennepfeffer abschmecken.

Die Krabben in den Cocktailgläsern verteilen und die Sauce darüber geben.

Jeden Krabbencocktail mit einer halben Zitronenscheibe und einem Dillzweig garnieren.

SENF-HONIG-DIP

EINKAUFEN

1 Becher Crème fraîche (150 g)

DIESE ZUTATEN SIND SICHER SCHON DA (FALLS NICHT, BITTE KAUFEN)

1 bis 2 TL Dijonsenf (oder mittelscharfer Senf)

1 TL Honig

1 TL Zitronensaft

Salz

frisch gemahlener Pfeffer

BEREIT STELLEN

Schälchen

MISCHEN & ANRICHTEN

Alle Zutaten im Schälchen miteinander verrühren und abschmecken.

TIPP

Die Cocktailsauce schmeckt nicht nur zu den Krabben, sondern wie der Senf-Honig-Dip auch zu Knabbergemüse oder knusprigem Weißbrot.

Tsatsiki & Erdnusssauce

für 4 Personen

TSATSIKI

EINKAUFEN

1 Salatgurke (etwa 500 g)

griechischer Sahnejoghurt (davon 300 g)

Dill nach Geschmack (frisch oder aus der TK-Packung)

DIESE ZUTATEN SIND SICHER SCHON DA (FALLS NICHT, BITTE KAUFEN)

1 bis 2 Knoblauchzehen

Weißweinessig

Olivenöl

Salz, Pfeffer

BEREIT STELLEN

Arbeitsstation / Einhänderbrett

Schüssel

Knoblauchschlauch und Knoblauchpresse

kleiner Messbecher

ABMESSEN

10 ml Olivenöl

VORBEREITEN / SCHNEIDEN

Salatgurke an der Arbeitsstation schälen, dann fixieren, längs halbieren.

Die Kerne mit einem Löffel herauskratzen.

Die geschälte Gurke mit der Reibe an der Arbeitsstation raffeln und in die Schüssel geben.

Vom Knoblauch mit dem Knoblauchschlauch die Schale entfernen und gepresst zu der Gurke geben.

MISCHEN & ABSCHMECKEN

Geraffelte Gurke mit Sahnejoghurt, 2 bis 3 Spritzern Essig und Olivenöl verrühren.

Mit Salz und Pfeffer würzen.

Wer mag, rührt noch 1 EL gehackten Dill unter.

SCHMECKT ZU

Tsatsiki schmeckt mit Fladenbrot, gebratenen Zucchini- und Auberginenscheiben, Gyros und vielem mehr aus der Mittelmeerküche.

ERDNUSS-SAUCE

EINKAUFEN

Erdnusscreme (crunchy, davon 3 EL)

50 ml weißer Balsamessig

10 ml Sojasauce

DIESE ZUTATEN SIND SICHER SCHON DA (FALLS NICHT, BITTE KAUFEN)

weißer Balsamessig

Zucker, Salz

Tomatenmark

Sojasauce

BEREIT STELLEN

kleiner Messbecher

1,5-Liter-Topf mit Stiel

ABMESSEN

50 ml Wasser

VORBEREITEN

Essigsud kochen: Wasser mit Balsamessig, 2 EL Zucker und 1 gestrichenem TL Salz im kleinen Stieltopf kurz aufkochen und dann etwas abkühlen lassen.

MISCHEN

Zum Essigsud 3 EL Erdnusscreme, 2 EL Tomatenmark und die Sojasauce geben und alles gut verrühren.

SCHMECKT ZU

Gemüse als Dip und als Sauce zu Satéspießen, Gegrilltem oder Fleischfondue.

Tortillachips mit Rinderhack

für 2 Personen

EINKAUFEN

200 g Rinderhack

1 kleine Dose gehackte Tomaten mit Ring-Verschluss (à 400 ml, davon die Hälfte)

125 g Tortillachips

1 Becher Schmand (davon 3 EL)

50 g geriebener Gouda

DIESE ZUTATEN SIND SICHER SCHON DA (FALLS NICHT, BITTE KAUFEN)

1 Zwiebel

2 Knoblauchzehen

Öl

Salz

frisch gemahlener schwarzer Pfeffer

1 EL Tomatenmark

BEREIT STELLEN

Arbeitsstation / Einhänderbrett

Knoblauchschlauch

Zwiebelhacker

Bratpfanne

Auflaufform

VORBEREITEN / SCHNEIDEN

Zwiebel schälen, Knoblauch mit dem Schlauch pellen,
beides mit dem Zwiebelhacker fein hacken.

Tomatendose auf der Arbeitsstation festklemmen und öffnen.

Backofen auf 175 °C vorheizen.

BRATEN

Etwas Öl in der Pfanne erhitzen, Rinderhack darin anbraten, mit Salz und Pfeffer würzen.

Tomatenmark und Dosentomaten zugeben und aufkochen lassen.

EINFÜLLEN

Chips und die Hackmasse in eine Auflaufform füllen, Schmand und Käse darüber verteilen.

ÜBERBACKEN

Die Form in die Mitte das heißen Backofens stellen. Etwa 10 Minuten überbacken.

DAZU SCHMECKT AUCH

Avocadocreme

Suppen & Eintöpfe

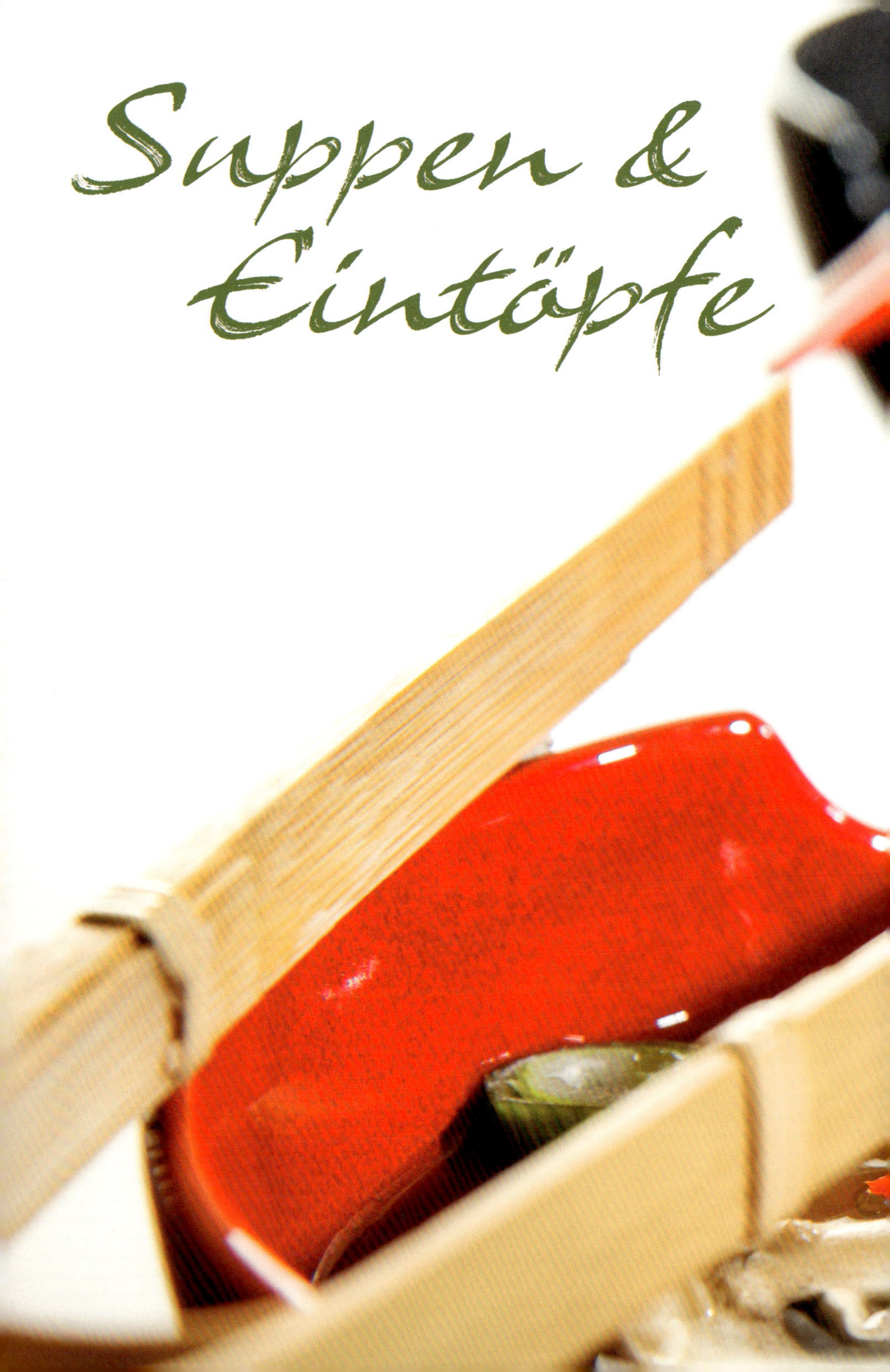

Rinderbrühe

★ ★ ★ Grundlage für viele Suppen ★ ★ ★

für 4–5 Portionen

EINKAUFEN

1 Bund Suppengrün mit Möhre, Porree, Selleriestück
(ersatzweise 1 TK- oder 2 EL getrocknetes Suppengrün)

750 g Rinderhesse / Suppenfleisch zum Kochen

Variation: Mit 2 Hühnerkeulen statt des Rindfleischs
wird eine Hühnersuppe daraus.

DIESE ZUTATEN SIND SICHER SCHON DA (FALLS NICHT, BITTE KAUFEN)

2 Zwiebeln

Salz, Pfeffer

6 schwarze Pfefferkörner

1 Lorbeerblatt

BEREIT STELLEN

Arbeitsstation / Einhänderbrett

großer Messbecher

3-Liter-Kochtopf mit Stiel

Schaumkelle

Küchensieb

große Schüssel

ABMESSEN

1,5 l kaltes Wasser

WASCHEN & ABTROPFEN LASSEN

Möhren- und Selleriestücke
Porreestücke, sehr gründlich

Die Rinderbrühe lässt sich gut auf Vorrat kochen und in Portionen einfrieren.

VORBEREITEN / SCHNEIDEN

Die Möhre an der Arbeitsstation schälen
und fixiert in 3 bis 4 Zentimeter große Stücke schneiden.

Vom Porree die Wurzel abschneiden, welke Blätter entfernen
und in 4 bis 5 Zentimeter große Stücke schneiden.

Vom Selleriestück die Schale und Wurzelansatz großzügig abschneiden,
ebenfalls in Stücke schneiden.

Von den Zwiebeln den Wurzelansatz abschneiden, Zwiebeln mit Schale vierteln.

Mit den Gemüseschalen und -resten kann die Brühe auf Seite 28 gekocht werden.

BRÜHE ZUBEREITEN

Das abgemessene Wasser In den Topf füllen.

2 TL Salz, die Pfefferkörner und das Lorbeerblatt sowie das Suppenfleisch, das klein geschnittene Gemüse und die Zwiebeln zugeben. Alles langsam zum Sieden bringen.

Kurz bevor das Wasser kocht, die Hitze herunterschalten. Etwa 70 Minuten köcheln lassen.

Dabei den Schaum, der sich bildet, abschöpfen.

Anschließend das Fleisch mit einer Schaumkelle aus der Brühe nehmen,
die Brühe durch ein Sieb in einen anderen Topf oder eine große Schüssel gießen
und das Fleisch darin erkalten lassen.

Erstarrtes Fett, das sich an der Oberfläche abgesetzt hat, aus der Brühe heben.

Das Fleisch fixiert vom Knochen schneiden und in mundgerechte Stücke schneiden.

Die Brühe mit Salz und Pfeffer abschmecken.

KLASSIKER „RINDERBRÜHE MIT NUDELN UND PETERSILIE“

Pro Portion 300 ml Brühe abmessen.

Pro Portion je 50 g Suppennudeln darin weichkochen.

Mit gehackter Petersilie bestreut servieren.

Gemüsebrühe aus Resten

★ ★ ★ Grundlage für noch mehr Suppen ★ ★ ★

für 1,5 l Brühe

BIORESTE ZUM KOCHEN, DAVON ETWA 2 HÄNDE VOLL

äußere, welke Porreeblätter

Zwiebelschalen

Möhrenschalen

Kohlstrünke

Stielansätze von Tomaten

Petersilienstängel ohne Blätter

andere Kräuterstängel

DIESE ZUTATEN SIND SICHER SCHON DA (FALLS NICHT, BITTE KAUFEN)

1 Biotomate

1 Zwiebel

1 Knoblauchzehe

3 bis 4 Stängel Thymian

Salz

BEREIT STELLEN

Arbeitsstation / Einhänderbrett

großer Messbecher

Küchensieb

3-Liter-Kochtopf mit Stiel

ABMESSEN

2 l kaltes Wasser

WASCHEN & ABTROPFEN LASSEN

Bioreste

Tomate

VORBEREITEN / SCHNEIDEN

Die großen von den gewaschenen Bioresten wie Strünke und lange Porreeblätter in Stücke schneiden.

Tomate und Zwiebel fixiert mit Schale halbieren.

Ungeschälte Knoblauchzehe mit dem Messer etwas andrücken.

BRÜHE ZUBEREITEN

Das abgemessene Wasser in den Topf füllen.

Dazu das Gemüse und den Thymian geben und alles aufkochen lassen.

Bei geringer Hitze eine Stunde köcheln lassen.

Für eine besonders kräftig Brühe eine weitere Stunde kochen lassen.

Die Gemüsebrühe durch ein feines Sieb (eventuell ausgelegt mit einem Mulltuch oder Küchentuch) gießen und salzen.

Auf diese Weise erhält man etwa 1,5 Liter Gemüsebrühe.

AUFBEWAHREN

Die Brühe auf geeignete Gefäße verteilen und einfrieren.

Oder die Brühe nochmal aufkochen und heiß in saubere Schraubgläser füllen.

Diese schließen und umgedreht abkühlen lassen.

Im Kühlschrank hält sich Gemüsebrühe etwa 3 Wochen.

Asiatische Nudelsuppe

für 2 Personen

EINKAUFEN

1 Bund Frühlingszwiebeln (benötigt werden 2)

1 rote frische Chilischote

100 g Shiitake-Pilze oder braune Champignons

1 Packung asiatische Eiernudeln (davon die Hälfte für die Suppe)

Mirin (japanischer Reiswein)

DIESE ZUTATEN SIND SICHER SCHON DA (FALLS NICHT, BITTE KAUFEN)

gekochtes Rindfleisch (vom Rinderbrühen-Rezept auf Seite 26)

Rinderbrühe (auch vom Rinderbrühen-Rezept auf Seite 26)

1 TL Zucker

Salz, eventuell

Sojasauce

BEREIT STELLEN

Arbeitsstation / Einhänderbrett

Küchenwaage

großer & kleiner Messbecher

1,5-Liter-Topf mit Stiel

Suppenschalen

ABWIEGEN & -MESSEN

100 g gekochtes Rindfleisch

600 ml Rinderbrühe

40 ml Sojasauce

15 ml Mirin

WASCHEN & ABTROPFEN LASSEN

Frühlingszwiebeln

Chilischote

Pilze, ganz kurz

VORBEREITEN / SCHNEIDEN

Frühlingszwiebeln auf der Arbeitsstation fixieren, den Wurzelansatz abschneiden, welke Teile entfernen und fixiert quer in feine Streifen schneiden.

Die Chilischote längs halbieren, entkernen und quer in dünne Streifen schneiden.

Von den Pilzen den Wurzelansatz abschneiden, in Scheiben schneiden.

Rindfleisch auf der Arbeitsstation in dünne Scheiben schneiden.

SUPPE ZUBEREITEN

In dem Topf die Rinderbrühe aufkochen.

Die Eiernudeln hineingeben und auf kleiner Flamme weich kochen.

Die Pilze nach 2 Minuten ebenfalls dazugeben.

Die Suppe mit Zucker, Sojasauce und Mirin abschmecken, eventuell etwas nachsalzen.

ANRICHTEN

Die Suppe in 2 Suppenschalen verteilen und mit den Frühlingszwiebeln und den Chilistreifen anrichten.

NEW YORK
Broadway
VINTAGE DENIM
SINCE 1986

Brotsuppe
aus dem Ofen mit Käse und Minze

Trocken gewordenes Brot wandert bei mir nicht in den Müll. „Teller statt Tonne" ist das Motto, davon bin ich überzeugt, auch weil ich Mitglied bei Slow Food bin. Entweder toaste ich altes Brot oder verwende es für eine leckere Brotsuppe. Diese hier ist wirklich schmackotastisch!

IM OFEN ÜBERBACKEN – MIT LEICHTEN FORMEN GEHT'S

So eine ofenfeste Form aus Glas oder Keramik plus Inhalt für zwei, drei oder sogar vier Personen ist ganz schön schwer, wenn man sie nur mit einer Hand ins Backrohr stellen und wieder herausholen muss. Wir haben bei Tupperware eine leichte Alternative aus Kunststoff entdeckt, mit der das problemlos geht.

In der „UltraPro-Kasserolle", die auch einen Deckel hat, lassen sich ebenso kleine Braten, herzhafte und süße Aufläufe sowie Brötchen und Kuchen backen. Danke dem Tupperware-Team, dass ihr uns die Form für unser Buch geschenkt habt.

Brotsuppe aus dem Ofen

für 2 – 3 Personen

EINKAUFEN

2 Gläser Lammfond à 400 ml

1 Bund Minze

200 g Pecorino in Scheiben
(oder anderer Hartkäse mit Schafmilchanteil)

DIESE ZUTATEN SIND SICHER SCHON DA (FALLS NICHT, BITTE KAUFEN)

150 g Weißbrot (oder Brötchen), 1 bis 2 Tage alt

1 Knoblauchzehe

1 Stück Bio-Zitronenschale

1 1/2 TL Fenchelsamen

mittelgrobes Salz, Pfefferkörner

1 getrocknete Chilischote (wer es scharf mag)

Olivenöl

BEREIT STELLEN

Arbeitsstation / Einhänderbrett

Küchenwaage

kleiner Messbecher

Brotmesser

3-Liter-Topf mit Stiel

Knoblauchschlauch

Blitzhacker, Mörser

ofenfeste Form / Schüssel

WASCHEN & ABTROPFEN LASSEN

Minze

Tolle Verwertung von Brotresten!

ABWIEGEN & -MESSEN

150 g Weißbrot

20 ml Olivenöl

VORBEREITEN / SCHNEIDEN

Den Backofen auf 200° C vorheizen.

Weißbrot in dünne Scheiben schneiden.

Den Lammfond im Stieltopf erhitzen.

Die Minze trockenschütteln und die Blättchen abzupfen.

Den Knoblauch schälen und mit der Minze und der Zitronenschale im Blitzhacker zerkleinern.

1 1/2 TL Fenchelsamen, 1 gestrichenen TL Pfefferkörner, 1 knappen TL Salz und nach Belieben die Chilischote im Mörser fein zerstoßen.

Gewürzmischung mit der Minzemischung verrühren.

Das Brot und die Käsescheiben abwechselnd in die ofenfeste Form schichten. Dabei jede Schicht mit etwas Würzmischung bestreuen. Mit Käse abschließen.

Den Lammfond seitlich angießen. Das Olivenöl über die letzte Schicht träufeln.

IM OFEN GAREN

Die Form mit der Suppe auf die Mittelschiene in den Ofen stellen und 15 bis 20 Minuten backen, bis die Oberfläche leicht gebräunt ist.

Ofen ausschalten und die Suppe etwa 10 Minuten nachziehen lassen.

ANRICHTEN

Die Brotsuppe auf Suppentellern verteilen.

TIPP

Auch bereits geriebener Käse aus der Packung kann verwendet werden.

Tomatencremesuppe

für 4 Personen

EINKAUFEN

2 kleine Dosen Tomaten in Stücken mit Ring-Verschluss (à 400 g)

1 kleiner Becher Crème fraîche (150 ml)

DIESE ZUTATEN SIND SICHER SCHON DA (FALLS NICHT, BITTE KAUFEN)

1 Zwiebel

1 Knoblauchzehe

Butter

Tomatenmark

getrockneter Thymian

400 ml Gemüsebrühe (vom Rezept Seite 28 oder aus gekörnter Brühe)

Salz, frisch gemahlener Pfeffer

Zucker

BEREIT STELLEN

Arbeitsstation / Einhänderbrett

großer Messbecher

Knoblauchschlauch

Zwiebelhacker

3-Liter-Topf mit Stiel

Pürierstab

Suppenteller / -schalen

ABMESSEN

400 ml Gemüsebrühe

VORBEREITEN / SCHNEIDEN

Zwiebel und Knoblauchzehe schälen, beides mit dem Zwiebelhacker zerkleinern.

Tomatendosen öffnen.

SUPPE ZUBEREITEN

Im 3-Liter-Topf 1 EL Butter erhitzen, Zwiebeln und Knoblauch darin glasig dünsten.

Dann etwa 2 EL Tomatenmark, Tomatenstücken aus der Dose und 1/2 TL Thymian zugeben und einige Minuten mitdünsten.

Die Gemüsebrühe dazugeben.

Alles im geschlossenen Topf bei mittlerer Hitze etwa 15 Minuten kochen lassen.

Die noch stückige Tomatensuppe mit dem Pürierstab zerkleinern.

Mit Salz, Pfeffer und 1 Prise Zucker abschmecken.

ANRICHTEN

Jeden Teller / Schale Suppe mit einem 1 EL Crème fraîche servieren.

TIPP

Auch mit Brotcroutons und Feta obendrauf schmeckt die Tomatencremesuppe sehr gut.

Currysuppe mit Pute

für 3-4 Personen

EINKAUFEN

600 g Putengulasch

1 kleiner Becher Crème fraîche (davon100 g)

1 Bund Frühlingszwiebeln (davon 3)

DIESE ZUTATEN SIND SICHER SCHON DA (FALLS NICHT, BITTE KAUFEN)

1 l Hühnerbrühe (vom abgewandelten Rezept Seite 26 oder aus gekörnter Brühe)

Öl

Mehl

Currypulver

1 Knoblauchzehe

1/2 Zitrone

Salz, frisch gemahlener Pfeffer

BEREIT STELLEN

Arbeitsstation / Einhänderbrett

kleiner & großer Messbecher

Tasse, tiefer Teller

Knoblauchschlauch, Knoblauchpresse

Suppentopf

Schneebesen

Zitronenpresse

WASCHEN & ABTROPFEN LASSEN

Frühlingszwiebeln

ABMESSEN

30 ml Öl

1 l Hühnerbrühe

VORBEREITEN / SCHNEIDEN

3 EL Mehl und 3 TL Curry in einer Tasse mischen.

Knoblauch mit dem Schlauch schälen.

Von den Frühlingszwiebeln welke Teile entfernen, die Wurzelansätze abschneiden und in etwa 2 Zentimeter breite Ringe schneiden.

Die halbe Zitrone auspressen.

Putengulasch in 2 Portionen teilen.

SUPPE ZUBEREITEN

Im Suppentopf das Öl erhitzen und die erste Hälfte Putengulasch anbraten, nicht zu viel Farbe nehmen lassen.

Dann aus dem Topf auf einen tiefen Teller geben.

Die zweite Portion Fleisch anbraten.

Nach 4 bis 5 Minuten die Mehl-Curry-Mischung darüberstreuen und im Topf anschwitzen.

Die zuerst angebratene Fleischportion wieder in den Topf geben, die Hühnerbrühe dazugießen und alles aufkochen lassen.

Falls das Mehl Klümpchen bildet, mit einem Schneebesen verrühren.

Knoblauch in die Suppe pressen, Crème fraîche zugeben, mit Zitronensaft, Salz und Pfeffer würzen.

20 Minuten bei geringer Hitze köcheln lassen.

Die letzten 10 Minuten die Frühlingszwiebeln mit in die Suppe geben.

Am Ende der Garzeit die Suppe nochmals abschmecken.

Pasta & Nudeliges

Pasta fantastica mit Garnelen

für 2-3 Portionen

EINKAUFEN

12 bis 15 geschälte Garnelen (je nach Größe)

250 g Pasta

1 Dose passierte oder gehackte Tomaten mit Ring-Verschluss (à 400 ml, davon 200ml)

100 ml Sahne

DIESE ZUTATEN SIND SICHER SCHON DA (FALLS NICHT, BITTE KAUFEN)

Salz, Pfeffer

1/4 Teelöffel Curry

1 Zwiebel, 1 Knoblauchzehe

1 EL Butter, Olivenöl

1/2 TL getrockneter Thymian

1 TL Tomatenmark

125 ml Gemüsebrühe (vom Rezept Seite 28 oder aus gekörnter Brühe)

50 ml trockener Weißwein (sonst kleine Flasche kaufen)

1/2 TL Zucker

1 bis 2 EL gehackte TK-Kräuter

BEREIT STELLEN

Arbeitsstation / Einhänderbrett

großer & kleiner Messbecher

Küchenkrepp

tiefer Teller

Knoblauchschlauch, Zwiebelhacker

3-Liter-Topf mit Stiel, Bratpfanne

Küchensieb

Al dente?
Klingt irgendwie
italienisch!

Ist es auch und
bedeutet,
die gekochten
Nudeln sollen nicht
weich und schlabbrig
sein, sondern noch
etwas Biss
haben.

ABMESSEN

200 ml Tomaten

10 ml Olivenöl

125 ml Brühe

50 ml Weißwein

VORBEREITEN / SCHNEIDEN

Die Garnelen abspülen, mit Küchenkrepp trocken tupfen.

Garnelen in einem tiefen Teller mit Salz, Pfeffer und Curry würzen.

Zwiebel auf der Arbeitsstation fixieren und schälen, Knoblauch mit dem Schlauch schälen. Zwiebel und Knoblauch mit dem Zwiebelhacker zerkleinern.

KOCHEN / ANBRATEN

Im Stieltopf Wasser für die Nudeln zum Kochen bringen, die Nudeln al dente kochen.

Danach abgießen, mit etwas Öl zurück in den Topf geben, mit Deckel verschließen.

Butter und das abgemessene Öl in einer Pfanne erhitzen,
Garnelen mit Thymian darin von jeder Seite etwa 3 Minuten braten.

Dann aus der Pfanne nehmen.

SAUCE ZUBEREITEN

In der Garnelenpfanne im Bratöl Zwiebeln und Knoblauch andünsten,
Tomatenmark und Tomaten zugeben.

Sahne, Brühe, Wein und Zucker ebenfalls zugeben, bei großer Hitze etwas einkochen,
mit Salz und Pfeffer würzen.

ANRICHTEN

Garnelen wieder in die Sauce geben und erwärmen, Kräuter unterrühren und
mit den Nudeln servieren.

Fixe Tomatensauce

für 2 Personen

EINKAUFEN

1 kleine Dose gehackte Tomaten mit Ring-Verschluss (à 400 ml)

DIESE ZUTATEN SIND SICHER SCHON DA (FALLS NICHT, BITTE KAUFEN)

1 Knoblauchzehe

Olivenöl

1 knapper TL getrockneter Oregano

1 Lorbeerblatt

Salz

frisch gemahlener Pfeffer

1 Prise Zucker

1/2 Zitrone

BEREIT STELLEN

Arbeitsstation / Einhänderbrett

kleiner Messbecher

Knoblauchschlauch

1,5-Liter-Kochtopf mit Stiel
Stiel und Deckel

ABMESSEN

20 ml Olivenöl

VORBEREITEN / SCHNEIDEN

Knoblauchzehe mit dem Knoblauchschlauch schälen.

Tomatendose öffnen

SAUCE ZUBEREITEN

Im Stieltopf das Öl vorsichtig erhitzen.

Knoblauchzehe darin anschwitzen (aber nicht braun werden lassen).

Oregano und Lorbeer kurz mitbraten.

Dann die Tomaten mit dem Saft dazugeben.

Mit Salz, Pfeffer, einer Prise Zucker und ein paar Spritzern Zitronensaft (aus der Hälfte drücken) würzen.

Zugedeckt 15 bis 20 Minuten köcheln lassen.

ANRICHTEN

Die fertige Tomatensauce nochmal abschmecken.

Zu gekochten Nudeln mit geriebenem Hartkäse servieren.

TIPP A

Wer es gehaltvoller mag, gibt als „Topping“ gebratene Champignonwürfel und / oder ausgelassene Schinkenwürfel über die Nudeln mit Tomatensauce.

TIPP B

Die Tomatensauce mit Orangenschale aromatisieren und kleine, mit Ingwer und Petersilie gewürzte Hackbällchen darin garen.

Bolognese
die Sauce!

Nudeln mit Bolognese könnte ich jede Woche essen, sie ist einfach meine Lieblingssauce! Deshalb am besten gleich immer mehr davon kochen, mindestens vier Portionen. Der Clou ist, dass sich Reste auch gut einfrieren lassen – und so lohnt sich die Zubereitung auch für alle, die allein leben.

MÖHREN SCHÄLEN – MIT HILFSMITTEL GEHT'S

Für Einhänder gibt es zwar verschiedene spezielle Hilfen zum Schälen von Gemüse, für eine Möhre oder Gurke reicht aber die Klinge an meiner Arbeitsstation, denn an der hantiere ich meistens. Hier kommen nicht so viele Schalen zusammen, dass ich die ständig entsorgen muss.

Anders sähe es aus, wenn ich ein Kilo Kartoffeln schälen müsste. Da wäre ein größerer Schäler praktischer.

Aber egal, ob nur eine Möhre oder ein Kilo Kartoffeln – wichtig ist, dass jedes Hilfsgerät fest steht und nicht rutschen kann. Ein feuchtes Küchenhandtuch als Unterlage ist immer gut.

Bolognese-Sauce

für 4 Personen

EINKAUFEN

500 g gemischtes Hackfleisch

1 TK-Suppengrün im Becher (oder 3 EL getrocknetes Suppengrün)

2 kleine Dosen gehackte Tomaten mit Ring-Verschluss (à 400 ml)

DIESE ZUTATEN SIND SICHER SCHON DA (FALLS NICHT, BITTE KAUFEN)

Öl

2 TL getrockneter Oregano

1 Schuss Milch

2 EL Tomatenmark

1 Schuss Wein (nicht zwingend wichtig!)

150 ml Brühe (vom Rezept Seite 26 oder 28 oder aus gekörnter Brühe)

Salz, Pfeffer

1/2 TL Chilipulver

1 Messerspitze gemahlenes Nelkenpulver

1 Lorbeerblatt

1/2 Zitrone

BEREIT STELLEN

Arbeitsstation / Einhänderbrett

großer & kleiner Messbecher

Schmorpfanne mit Deckel

ABMESSEN

etwa 20 ml Öl

150 ml Brühe

VORBEREITEN

Die Tomatendosen mit der Halterung auf der Arbeitsstation festklemmen und öffnen.

Die halbe Zitrone auspressen.

SAUCE ZUBEREITEN

In der Schmorpfanne das Öl erhitzen.

Das Hackfleisch zugeben und krümelig braten.

Dann das Suppengrün und Oregano in die Pfanne geben und mitbraten.

Einen Schuss Milch zugießen, wenn sie verdampft ist,
auch das Tomatenmark und den Wein.

Die Tomaten aus der Dose und die Brühe zugeben und durchrühren.

Alles mit Salz, Pfeffer, Chilipulver und Nelkenpulver würzen.

Mit dem Lorbeerblatt und dem Zitronensaft etwa 40 Minuten schmoren.

Danach nochmal abschmecken.

ANRICHTEN

Die Sauce zu den Lieblingsnudeln servieren, Nick nimmt z.B. immer Penne.

Spaghetti Carbonara

für 2 Personen

EINKAUFEN

100 g Schinkenspeckwürfel

Sahne (davon 150 ml)

DIESE ZUTATEN SIND SICHER SCHON DA (FALLS NICHT, BITTE KAUFEN)

150 bis 200 g Spaghetti (je nach Hunger)

1 kleine Zwiebel

1 Knoblauchzehe

Olivenöl

geriebener Parmesankäse

Salz, Pfeffer

2 Eier (davon die Eigelbe)

BEREIT STELLEN

Arbeitsstation / Einhänderbrett

Küchenwaage

kleiner Messbecher

Knoblauchschlauch

Zwiebelhacker

Tasse

3-Liter-Topf mit Stiel

Küchenwecker

Küchensieb

Pfanne

2 Pastateller

ABWIEGEN & -MESSEN

2 l Wasser

150 bis 200 g Spaghetti (mit Schwung auf den Tisch gehauen erspart das Aufschneiden)

10 ml Olivenöl

150 ml Sahne

etwa 15 g geriebener Parmesan

VORBEREITEN / SCHNEIDEN

Zwiebel und Knoblauch schälen und mit dem Zwiebelhacker fein zerkleinern.

Eigelbe vom Eiweiß über einer Tasse trennen, Eiweiß anderweitig verwenden.

NUDELN KOCHEN

Im 3-Liter-Kochtopf ausreichend Wasser für die Spaghetti mit 2 TL Salz zum Kochen bringen.

Die Nudeln 7 bis 8 Minuten (Küchenwecker) al dente kochen.

In ein Sieb abgießen, mit etwas Öl zurück in den Topf geben, mit Deckel verschließen.

SAUCE ZUBEREITEN

Schinkenspeckwürfel mit dem Öl in der Pfanne anbraten,
Zwiebeln und Knoblauch zugeben und mitbraten.

Alles mit der Sahne ablöschen und aufkochen,
Parmesan zugeben und mit Salz und Pfeffer würzen.

Eigelbe unter die Carbonara-Sauce mischen. Sie darf nicht mehr kochen.
Gleich darauf die Spaghetti zugeben und alles gut verrühren.

ANRICHTEN

Die Spaghetti auf zwei Pastateller verteilen. Wer mag gibt noch mehr
geriebenen Parmesan und unbedingt frisch gemahlenen Pfeffer über die Nudeln.

Grünes & rotes Pesto

★ ★ ★ zu Pasta, Risotto oder auf Crostini ★ ★ ★

für je 1 kleines Schraubglas

GRÜNES PESTO

EINKAUFEN

1 Topf Basilikum

Pinienkerne (davon 2 EL)

DIESE ZUTATEN SIND SICHER SCHON DA (FALLS NICHT, BITTE KAUFEN)

4 Knoblauchzehen

grobes Meersalz

Parmesan

Olivenöl

BEREIT STELLEN

Arbeitsstation / Einhänderbrett

Küchenwaage

kleiner Messbecher

kleine Pfanne

elektrischer Multizerhacker

Knoblauchschlauch

ABWIEGEN & -MESSEN

10 g grobes Meersalz

60 g Parmesan

80 ml Olivenöl

VORBEREITEN / SCHNEIDEN

In einer Pfanne die Pinienkerne ohne weiteres Fett rösten, bis sie duften.

Danach abkühlen lassen.

Basilikumblätter von den Stängeln zupfen, in den Multizerhacker geben.

Knoblauchzehen schälen, mit dem Salz auch in den Multizerhacker geben.

Parmesan in Brösel brechen und dazuzugeben.

ZERKLEINERN / MIXEN

Jetzt auch die Pinienkerne in den Zerhacker geben, das Olivenöl zugießen, den Zerhacker schließen und alles zerkleinern und gut mixen. Es soll eine glatte, grüne Sauce entstehen.

Ein Schraubglas reicht für vier Portionen Pasta. Gib zu dem Pesto etwas Kochwasser von den Nudeln, damit er geschmeidiger ist und die Nudeln nicht trocken schmecken.

ROTES PESTO

EINKAUFEN

in Öl eingelegte, getrocknete Tomaten (davon etwa 100 g)

Pinienkerne (davon 1 Espressotasse voll)

Basilikum (davon 4 bis 5 Stängel)

DIESE ZUTATEN SIND SICHER SCHON DA (FALLS NICHT, BITTE KAUFEN)

2 Knoblauchzehen

grobes Meersalz, frisch gemahlener Pfeffer

Parmesan

Olivenöl

BEREIT STELLEN

Arbeitsstation / Einhänderbrett

kleiner Messbecher & kleines Sieb

kleine Pfanne

Knoblauchschlauch

elektrischer Multizerhacker

ABWIEGEN & -MESSEN

100 g getrocknete Tomaten

1 knappe Espressotasse Pinienkerne

50 g Parmesan

100 ml Olivenöl

VORBEREITEN / SCHNEIDEN

Die Tomaten im Sieb abtropfen lassen (ersatzweise auf einer doppelten Lage Küchenkrepp).

In der Pfanne die Pinienkerne ohne weiteres Fett rösten, bis sie duften.

Danach abkühlen lassen.

Auf dem Arbeitsbrett die Tomaten jeweils in zwei bis drei Stücke schneiden und in den Zerhacker geben.

Basilikumblätter von den Stängeln zupfen und zu den Tomaten geben.

Knoblauchzehen mit dem Schlauch schälen und auch in den Zerhacker geben, ebenfalls 1 EL Salz, Pfeffer und die Pinienkerne.

Parmesan in Brösel brechen und zugeben.

ZERKLEINERN / MIXEN

Das Olivenöl zugießen, den Zerhacker schließen und alles zerkleinern und gut mixen. Eventuell mit Salz und Pfeffer nachwürzen.

AUFBEWAHREN

Wenn Pesto übrig bleibt, lässt er sich problemlos im Schraubglas bis zu zwei Wochen aufbewahren.
Dann mit ausreichend Olivenöl zum Konservieren bedecken.

Linsen mit Spätzle

★ ★ ★ das »Nationalgericht« der Schwaben ★ ★ ★

für 4 Personen

EINKAUFEN

400 g Alblinsen (oder braune oder grüne Linsen, die nicht eingeweicht werden müssen)

1 TK-Suppengrün

400-Gramm-Packung Spätzle aus dem Kühlregal

DIESE ZUTATEN SIND SICHER SCHON DA (FALLS NICHT, BITTE KAUFEN)

1 Zwiebel

2 EL Butter oder Öl

getrockneter Majoran

500 ml Gemüsebrühe (vom Rezept Seite 28 oder aus gekörnter Brühe)

Salz, Pfeffer

2 EL Senf

BEREIT STELLEN

Arbeitsstation / Einhänderbrett

Küchenwaage, Küchensieb

Zwiebelhacker

3-Liter-Topf mit Stiel

Suppenteller

ABWIEGEN & -MESSEN

400 g Linsen

500 ml Gemüsebrühe

WASCHEN & ABTROPFEN LASSEN

Linsen im Sieb

MIT GUTER PLANUNG SCHAFFE ICH DAS MIT LINKS

Für mich heißt das,
Rezepte immer vorher
durchlesen und dann alle
Zutaten bereitstellen –
am besten in der Reihenfolge,
wie ich sie brauche.
Was nicht mehr benötigt wird,
kommt so bald wie möglich
wieder in den Schrank,
Geschirr in die Spüle!

VORBEREITEN / SCHNEIDEN

Die Zwiebel schälen und mit dem Zwiebelhacker zerkleinern.

LINSEN KOCHEN

Butter oder Öl im Stieltopf zerlassen, Zwiebel und Suppengrün darin andünsten.

Die Alblinsen und 1 TL Majoran dazugeben und kurz mitdünsten.

Dann die Brühe zugießen und aufkochen lassen.

Die Linsen zugedeckt bei schwacher Hitze in 20 Minuten weich,
aber noch leicht bissfest garen
(andere braune oder grüne Linsen sind nach 40 bis 50 Minuten gar).

Spätzle in der Linsensuppe erhitzen, alles mit Salz, Pfeffer und Senf abschmecken.

ANRICHTEN

Linsen mit Spätzle in vorgewärmte Teller füllen und servieren.

TIPP

Wer mag, schmeckt die Linsen zusätzlich mit Essig ab.

Nudelpfanne mit Gemüse

für 2 Personen

EINKAUFEN

1 große Gemüsezwiebel

1 rote Paprikaschote

1 Zucchini

1 kleine Dose gehackte Tomaten mit Ring-Verschluss (à 400 g)

Schafskäse (davon 2 EL zerbröselt)

DIESE ZUTATEN SIND SICHER SCHON DA (FALLS NICHT, BITTE KAUFEN)

Öl

1 EL Tomatenmark

1/2 TL getrockneter Thymian

Salz, frisch gemahlener Pfeffer

edelsüßes Paprikapulver

150 g kurze Nudeln (z.B. Spirelli oder Penne)

1 bis 2 EL gehackte TK-Kräuter (z.B. Schnittlauch und / oder Petersilie)

BEREIT STELLEN

Arbeitsstation / Einhänderbrett

Küchenwaage

Zwiebelhacker

Schmorpfanne mit Deckel

kleiner Messbecher

ABWIEGEN & -MESSEN

20 ml Öl

150 g Nudeln

WASCHEN & ABTROPFEN LASSEN

Paprikaschote

Zucchini

VORBEREITEN / SCHNEIDEN

Die Gemüsezwiebel schälen und mit dem Zwiebelhacker grob zerkleinern.

Paprikaschote putzen und in 2 bis 3 Zentimeter große Stücke schneiden.

Von der Zucchini den Blütenansatz abschneiden,
danach in dicke Scheiben schneiden.

ZUBEREITEN IN DER PFANNE

Öl in der Pfanne erhitzen, Zwiebeln und Gemüse zugeben und anbraten.

Tomatenmark und die Gewürze zufügen, ebenso die Tomaten mit dem Saft.

Alles aufkochen lassen,

Nudeln einstreuen.

Bei geringer Hitze zugedeckt etwa 15 Minuten ausquellen lassen.

Wenn zu wenig Flüssigkeit in der Pfanne ist, noch etwas Wasser zufügen.

Wenn die Nudeln gar sind, nochmals abschmecken.

ANRICHTEN

Die Nudelpfanne mit dem Schafskäse und Kräutern bestreut servieren.

TIPP

Auch Fenchel, Möhren, Auberginen oder grüne Bohnen können für die Nudelpfanne verwendet werden.

Vegetarische Sattmacher

Chili sin Carne

★ ★ ★ Die mexikanische Partysuppe ohne Fleisch ★ ★ ★

für 4 Portionen

EINKAUFEN

Tomatensaft (davon 200 ml), 1 Flasche passierte Tomaten (500 – 600 ml)

Bulgur (davon 120 g)

1 Möhre, 1 rote & 1 gelbe Paprikaschote, 2 Frühlingszwiebeln, 100 g Champignons

2 kleine Dosen Kidneybohnen mit Ring-Verschluss (à 400 ml)

100 g geriebener Cheddar

DIESE ZUTATEN SIND SICHER SCHON DA (FALLS NICHT, BITTE KAUFEN)

1 Zwiebel, 3 Knoblauchzehen

Olivenöl, 3 EL Tomatenmark

2 EL Chilipulver, 2 TL getrockneter Oregano, Salz, Pfeffer

250 ml Gemüsebrühe (vom Rezept Seite 28 oder aus gekörnter Brühe)

BEREIT STELLEN

Arbeitsstation / Einhänderbrett, Küchenwaag

großer & kleiner Messbecher

1,5- und 3-Liter- Kochtopf mit Stiel

mittelgroße Schüssel & Teller zum Abdecken

Knoblauchschlauch, Zwiebelhacker

Küchensieb, Suppenteller /-schalen

ABWIEGEN & -MESSEN

200 ml Tomatensaft

120 g Bulgur

20 ml Olivenöl

250 ml Gemüsebrühe

WASCHEN & ABTROPFEN LASSEN

Möhre, rote Paprikaschote, gelbe Paprikaschote

Champignons (nur ganz kurz waschen)

Frühlingszwiebeln

VORBEREITEN / SCHNEIDEN

Tomatensaft im kleinen Stieltopf aufkochen.

Danach in der Schüssel mit dem Bulgur mischen,
mit einem Teller abdecken und 20 Minuten ziehen lassen.

Zwiebel mit dem Messer und Knoblauch mit dem Schlauch pellen,
beides mit dem Zwiebelhacker fein hacken.

Möhre schälen, die Enden abschneiden, in dünne Scheiben schneiden.

Paprikaschoten putzen und entkernen, auf der Arbeitsstation in Würfel schneiden.

Champignons putzen und vierteln.

Flasche mit den passierten Tomaten öffnen.

Die Dosen mit den Kidneybohnen öffnen, Bohnen in ein Sieb geben und kalt abspülen.

Von den Frühlingszwiebeln welke Teile entfernen, die Wurzelansätze abschneiden
und in feine Ringe schneiden.

CHILI KOCHEN / ANRICHTEN

Im großen Stieltopf Öl erhitzen. Zwiebeln, Knoblauch und Champignons darin anschwitzen.

Möhren, Paprika, Tomatenmark und Chilipulver zugeben und ebenfalls anschwitzen.
Oregano dazugeben.

Bulgur, Gemüsebrühe und passierte Tomaten zugeben, alles aufkochen und
bei geringer Hitze 15 Minuten garen. Dabei ab und zu umrühren.

Die Kidneybohnen zum Chili geben und alles etwa 20 Minuten weitergaren.

Das fertige Chili mit Salz und Pfeffer würzen, in Suppenteller oder Schalen verteilen
und mit Cheddar und Frühlingszwiebeln bestreut servieren.

Champignons, gefüllt & überbacken

für 2-3 Portionen

EINKAUFEN

TK-Blattspinat (Pellets, davon 150 g)

12 bis 15 mittelgroße Champignons

1 Becher Crème fraîche (davon 4 EL)

DIESE ZUTATEN SIND SICHER SCHON DA (FALLS NICHT, BITTE KAUFEN)

Olivenöl

1 kleine Zwiebel , 1 Knoblauchzehe

Salz, Pfeffer

BEREIT STELLEN

Arbeitsstation / Einhänderbrett

Küchenwaage

Küchenpapier

Auflaufform

Zwiebelhacker

Knoblauchschlauch

Bratpfanne

ANTAUEN & ABWIEGEN

150 g TK-Blattspinat

WASCHEN & ABTROPFEN LASSEN

Champignons (nur ganz kurz waschen)

Dafür kann Nick aber auch frischen Spinat nehmen, oder?

Klar, ist nur etwas mühsamer. Die gleiche Menge waschen und in Salzwasser blanchieren, im Sieb abtropfen lassen und grob hacken. Und dann ebenfalls mit in die Pfanne geben.

VORBEREITEN / SCHNEIDEN

Die Champignons putzen und die Stiele herausbrechen,
dafür die Pilze kopfüber auf die „Nagelfläche“ der Arbeitsstation stecken.

Eine Auflaufform mit etwas Öl einfetten, die Pilzhüte kopfüber darin verteilen.

Die Zwiebel schälen und vierteln.

Knoblauch mit dem Schlauch pellen, Knoblauch halbieren.

Beides mit den Pilzstielen im Zwiebelhacker zerkleinern.

Den Backofen auf 200 Grad vorheizen.

FÜLLUNG ZUBEREITEN

Etwas Olivenöl in einer Pfanne erhitzen.

Gehackten Knoblauch, Champignon-Reste und Zwiebel andünsten.

Den Spinat nach 2 bis 3 Minuten dazugeben und erhitzen.

Nach weiteren 3 Minuten die Crème fraîche zugeben. Etwa 5 Minuten einkochen lassen.

Mit Salz und Pfeffer würzen.

FÜLLEN UND ÜBERBACKEN

Die Champignonhüte mit der Spinatmasse füllen und im heißen Backofen
auf der mittleren Schiene 15 bis 20 Minuten überbacken.

ANRICHTEN

Die Champignons auf Tellern verteilen. Mit Brot servieren.

TIPP

Käsefreunde können den Spinat in den Champignons vor dem
Überbacken noch mit einem Stückchen Gorgonzola bedecken.

Eierkuchen
mit Spinat und Feta

Damit es keine Missverständnisse gibt: Wenn ich als Berliner von Eierkuchen spreche, sind in anderen Regionen Pfannkuchen gemeint. Schon als Kind habe ich sie gemocht, weil man sie einfach zusammengerollt aus der Hand essen und mit so vielen netten Sachen – süß wie herzhaft – füllen kann.

EIERKUCHEN – WENDE ICH DOCH MIT LINKS

Zugegeben – damit dieses Foto gemacht werden konnte, waren eine gute Portion Mut und mehr als ein Probeversuch nötig. Aber letztendlich hat es geklappt, denn wie immer macht Übung den Meister!

Weniger Übung braucht man mit einem Pfannenwender, mit dem lässt sich der Eierkuchen natürlich auch umdrehen, damit er auf der Oberseite braun wird. Für Linkshänder gibt es spezielle Modelle, deren abgeschrägte Kante unten andersherum verläuft.

Noch leichter klappt es mit einem Zangen-Pfannenwender, ähnlich wie eine Greifzange (Foto Seiten 6 / 7).

Eierkuchen mit Spinat & Feta

für 2 Personen

EINKAUFEN

250 g frischen Blattspinat (oder TK-Spinat, dann schon aufgetaut)

100 g Feta (Schafskäse)

DIESE ZUTATEN SIND SICHER SCHON DA (FALLS NICHT, BITTE KAUFEN)

2 Eier

200 ml Milch

100 ml Mineralwasser

150 g Mehl

Öl zum Braten & Olivenöl

Salz, Pfeffer

4 bis 5 TL rotes Pesto (Rezept Seite 53 oder gekauftes)

BEREIT STELLEN

großer & kleiner Messbecher

Küchenwaage, Rührschüssel & Handmixer

Küchensieb & kleiner Teller

beschichtete Pfanne, Schöpfkelle

Pfannenwender, großer Teller

3 Liter-Kochtopf mit Stiel, Schüssel

ABMESSEN

200 ml Milch

100 ml Mineralwasser

150 g Mehl

10 ml Olivenöl

TEIG RÜHREN

Eier in der Rührschüssel aufschlagen, Milch und etwa die Hälfte vom Mineralwasser zugeben und alles mit dem Handmixer verrühren.

Nach und nach das Mehl und 1 Prise Salz einrühren. Noch so viel Wasser zufügen, dass der Teig ziemlich dünnflüssig ist.

Den Teig etwa 30 Minuten stehen lassen, damit er ausquellen kann.

VORBEREITEN

Inzwischen frischen Blattspinat gründlich im Spülbecken waschen und in einem Sieb abtropfen lassen.

Feta auf dem Teller in kleine Stücke krümeln.

Backofen auf 70°C vorheizen.

EIERKUCHEN BRATEN

Öl in der Pfanne erhitzen. In der Pfannenmitte eine Schöpfkelle Eierkuchenteig verteilen.

1 Minute backen, den Eierkuchen wenden und eine weitere Minute backen.

Fertigen Eierkuchen auf einen Teller geben und im Ofen warmhalten.

Weitere Eierkuchen backen, bis der Teig aufgebraucht ist, insgesamt etwa 4 bis 5 Stück.

FÜLLUNG ZUBEREITEN

Den 3-Liter-Kochtopf zur Hälfte mit Wasser füllen, zum Kochen bringen und den Spinat darin 1 bis 2 Minuten sprudelnd kochen lassen.

Spinat ins Sieb geben, gut abtropfen lassen.

Danach in einer Schüssel mit dem Olivenöl mischen, salzen und pfeffern.

ANRICHTEN (siehe Foto Seite 64)

Jeweils einen Eierkuchen auf einen großen Teller geben, mit 1 TL rotem Pesto bestreichen, etwas Spinat und Feta darauf verteilen, zusammenklappen oder rollen und abbeißen!

Gemüsecurry mit Kichererbsen

für 4 Personen

EINKAUFEN

1 rote frische Chilischote & 1 kleiner Blumenkohl

2 Zucchini & 2 Möhren

1 kleine Dose gehackte Tomaten
1 Dose Kichererbsen
1 Dose Kokosmilch (davon 300 ml) – alle Dosen mit Ring-Verschluss (à 400 ml)

150 g Naturjoghurt

Mango-Chutney

eventuell frischer Koriander (davon die Blättchen)

DIESE ZUTATEN SIND SICHER SCHON DA (FALLS NICHT, BITTE KAUFEN)

1 Zwiebel

2 Knoblauchzehen

Sonnenblumenöl

je 2 TL gemahlener Kreuzkümmel & gemahlener Koriander & gemahlener Ingwer

1 TL Kurkuma

Salz, Pfeffer

BEREIT STELLEN

Arbeitsstation / Einhänderbrett

Knoblauchschlauch, Zwiebelhacker

großer & kleiner Messbecher

Schmorpfanne mit Deckel

ABMESSEN

20 ml Sonnenblumenöl

300 ml Kokosmilch

WASCHEN & ABTROPFEN LASSEN

Chilischote, Blumenkohl, Zucchini, Möhren

VORBEREITEN / SCHNEIDEN

Zwiebel mit dem Messer schälen, Knoblauch mit dem Schlauch, beides mit dem Zwiebelhacker zerkleinern.

Chilischote halbieren, entkernen und quer in dünne Streifen schneiden.

Blumenkohl auf der Arbeitsstation fixieren und die Röschen mit einem kleinen Messer abtrennen.

Der Strunk wird nicht gebraucht.
Du kannst ihn zum Brühe kochen nehmen (siehe Seite 28).

Von den Zucchini den Blütenansatz abschneiden, danach in Scheiben schneiden.

Möhren schälen, die Enden abschneiden, in dünne Scheiben schneiden.

Tomatendose öffnen.

Die Dosen mit den Kichererbsen öffnen, in ein Sieb geben, gründlich kalt abspülen und abtropfen lassen.

ZUBEREITEN IN DER PFANNE

Öl in der Pfanne erhitzen, Zwiebeln und Knoblauch darin kurz anschwitzen.

Kreuzkümmel, Koriander, Kurkuma, Ingwer und Chili zufügen und kurz mitanschwitzen.

Dosentomaten und Kokosmilch dazugeben und alles gut durchrühren.

Blumenkohl, Zucchini, Karotten, Kichererbsen sowie Salz und Pfeffer zugeben und das Curry zugedeckt 20 Minuten köcheln lassen.

Zum Schluss den Joghurt unterrühren und leicht erhitzen, aber nicht mehr aufkochen lassen.

ANRICHTEN

Jede Portion Gemüsecurry mit 1 EL Mango-Chutney anrichten.

Nach Geschmack mit Korianderblättchen bestreut servieren.

Risotto in Variationen

jeweils für 2 Personen

STEINPILZRISOTTO

EINKAUFEN

getrocknete Steinpilze (davon 15 g)

italienischer Risotto-Reis,
z.B. Arborio oder Carnaroli (davon 150 g)

DIESE ZUTATEN SIND SICHER SCHON DA (FALLS NICHT, BITTE KAUFEN)

250 ml heiße Gemüsebrühe,
(vom Rezept Seite 28 oder
aus gekörnter Brühe)

1 kleine Zwiebel

1 EL Butter

100 ml trockener Weißwein

40 ml Sahne

Salz, Pfeffer

frisch geriebener
Parmesankäse

BEREIT STELLEN

Arbeitsstation / Einhänderbrett

Küchenwaage

großer & kleiner Messbecher

Zwiebelhacker

1,5-Liter-Topf mit Stiel

Schöpfkelle

ABWIEGEN & -MESSEN

15 g getrocknete Steinpilze

150 ml warmes Wasser

150 g Risotto-Reis

250 ml Gemüsebrühe

100 ml trockener Weißwein

40 ml Sahne

VORBEREITEN / SCHNEIDEN

Die getrockneten Pilze in 150 ml warmem Wasser einweichen.

Zwiebel schälen und mit dem Zwiebelhacker zerkleinern.

KOCHEN

Nach Punkt 2 des Grundrezepts die Steinpilze mit dem Einweichwasser zugeben, rühren und etwas einkochen lassen. Wenn die Reiskörner nach 15 Minuten fast gar sind, die Sahne unterrühren.

GRUNDREZEPT: RISOTTO KOCHEN

1 Butter im kleinen Stieltopf erhitzen, aber nicht braun werden lassen. Die gehackte Zwiebel darin glasig dünsten.

2 Den Reis in den Topf streuen und rühren, bis alle Reiskörner mit einem Fettfilm überzogen sind. Mit dem Weißwein ablöschen und fast verdampfen lassen.

3 Nach und nach mit einer Schöpfkelle die Gemüsebrühe zugießen, dabei weiter ab und zu rühren, damit der Reis nicht ansetzt.

4 Nach etwa 15 Minuten den fertigen Reis vom Herd nehmen, er soll cremig sein, aber noch Biss haben. Mit Salz und Pfeffer abschmecken. Den Parmesan, eventuell auch noch 1 TL Butter unterrühren.

ERBSENRISOTTO (italienisch Risi-Pisi)

EINKAUFEN

italienischer Risotto-Reis, z.B. Arborio oder Carnaroli (davon 150 g)

300 g Tiefkühlerbsen (oder frische)

DIESE ZUTATEN SIND SICHER SCHON DA (FALLS NICHT, BITTE KAUFEN)

1 Zwiebel

1 EL Butter

100 ml trockener Weißwein

400 ml heiße Gemüsebrühe (vom Rezept Seite 28 oder aus gekörnter Brühe)

Salz

Pfeffer

50 g frisch geriebener Parmesan

BEREIT STELLEN

Arbeitsstation / Einhänderbrett

Küchenwaage, Zwiebelhacker

großer Messbecher, 1,5-Liter-Topf mit Stiel

ABWIEGEN & -MESSEN

150 g Risotto-Reis

100 ml trockener Weißwein

400 ml Gemüsebrühe

VORBEREITEN / SCHNEIDEN

Zwiebel schälen und mit dem Zwiebelhacker zerkleinern.

KOCHEN

Nach 10 Minuten Kochzeit die Erbsen unter den Risotto-Reis rühren und mitgaren lassen, sie sollen hellgrün bleiben.

Fisch, Geflügel, Fleisch

Mediterraner Fischtopf

für 2 Personen

EINKAUFEN

400 g Fischfilets, die in der Suppe nicht zerfallen (Fischhändler fragen)

1 kleine Fenchelknolle

1 Bund Petersilie (benötigt wird die Hälfte)

1 kleine Dose gehackte Tomaten mit Ring-Verschluss (à 400 ml)

1 Glas Fischfond (benötigt werden 200 ml)

1 Becher Crème fraîche, kann auch welche mit Kräutern sein.

DIESE ZUTATEN SIND SICHER SCHON DA (FALLS NICHT, BITTE KAUFEN)

2 Zwiebeln, 1 Knoblauchzehe

Olivenöl

trockener Weißwein (benötigt werden 100 ml)

Salz, Pfeffer, 1/2 Zitrone

BEREIT STELLEN

Arbeitsstation / Einhänderbrett

Knoblauchschlauch, Zwiebelhacker

kleiner & großer Messbecher

Zitronenpresse

Wiegemesser, Küchenkrepp

3-Liter-Kochtopf mit Deckel

ABMESSEN

20 ml Olivenöl

100 ml trockener Weißwein

200 ml Fischfond

WASCHEN & ABTROPFEN LASSEN

Fenchelknolle

Petersilie

VORBEREITEN / SCHNEIDEN

Die halbe Zitrone auspressen.

Zwiebeln mit dem Messer schälen, Knoblauch mit dem Schlauch,
beides mit dem Zwiebelhacker zerkleinern.

Fenchel auf der Arbeitsstation fixieren und putzen und in mundgerechte Stücke schneiden.

Die Petersilie mit Küchenkrepp trockentupfen. Mit dem Wiegemesser grob zerkleinern.

Die Fischfilets unter fließendem Wasser abspülen, mit Küchenkrepp abtupfen und in
große mundgerechte Stücke schneiden.

Auf einen Teller legen, salzen und pfeffern.

Tomatendose öffnen.

KOCHEN

Im Kochtopf das Olivenöl erhitzen und
Zwiebeln, Knoblauch, Fenchel und Petersilie darin andünsten.

Tomaten, Wein und Fischfond zugeben. Zugedeckt etwa 30 Minuten köcheln lassen.

Die Fischstücke in den Gemüsesud geben. Etwa 10 Minuten garziehen lassen.

Zum Schluss den Zitronensaft zugeben und mit Salz und Pfeffer abschmecken.

ANRICHTEN

Den Fischtopf in tiefen Tellern mit einem Klacks Crème fraîche servieren.

DAZU PASST

Baguette oder Ciabatta

Lachsschnitten
aus dem Ofen

Wenn ich einen Fischtag mache, dann am liebsten mit einem Filet. Da sind praktisch keine Gräten drin, was für mich als Einhänder ein großer Vorteil ist. Sogar alle, die schon mal eine Forelle mit zwei gesunden Händen filetiert und entgrätet haben, werden verstehen, was ich meine. Besonders gut schmecken mir Lachsfilets. Sie sind auch im Ofen ganz leicht zu machen, da kann kaum etwas schief gehen!

ZITRONENSAFT – DEN PRESSE ICH DOCH MIT LINKS AUS

Und so geht's: Eine Zitrone mit einem scharfen Messer quer halbieren, dafür eventuell auf den Stiften der Arbeitsstation oder des Einhänderbretts fixieren. Dann die Zitronenpresse in der Arbeitsstation festklemmen, damit sie beim Drehen und Auspressen der halben Zitrone nicht wegrutscht.

Noch einfacher geht das mit einer elektrischen Zitruspresse. Dafür ist dann aber das Auseinandernehmen für die Reinigung mit nur einer Hand schwieriger.

Tipp: Wer nur ein paar Spritzer Zitronensaft benötigt, drückt die halbe Zitrone ganz einfach nur mit der Hand aus.

Lachsschnitten aus dem Ofen

für 2 Portionen

EINKAUFEN

2 Lachsfilets, jedes etwa 200 g (aus nachhaltiger Aquakultur)

1 Bund Frühlingszwiebeln (benötigt werden 2 bis 3)

1 Handvoll kleine Tomaten

1 Bund Petersilie (davon die Hälfte oder 2 EL gehackte TK-Petersilie)

Senfkörner (davon 1 TL)

DIESE ZUTATEN SIND SICHER SCHON DA (FALLS NICHT, BITTE KAUFEN)

Olivenöl

1/2 Zitrone

Salz, frisch gemahlener Pfeffer

BEREIT STELLEN

Arbeitsstation / Einhänderbrett

kleine Auflaufform

Wiegemesser

Zitronenpresse

kleiner Messbecher

WASCHEN & ABTROPFEN LASSEN

Frühlingszwiebeln

Tomaten

Petersilie

ABMESSEN

2 mal 15 ml Olivenöl

VORBEREITEN / SCHNEIDEN

Die Lachsfilets unter fließendem Wasser abspülen, mit Küchenkrepp abtupfen.

Von den Frühlingszwiebeln welke Teile entfernen. Die Wurzelansätze abschneiden.

Dann in etwa 10 Zentimeter lange Stücke schneiden.

Blätter von der Petersilie abzupfen.

Petersilienblätter mit dem Wiegemesser fein zerkleinern.

Tomaten anpieksen (z.B. mit Zahnstocher).

Die halbe Zitrone auspressen.

Backofengrill auf 250 °C (Gas Stufe 5) vorheizen.

MISCHEN

15 ml Olivenöl, Zitronensaft, feingehackte Petersilie, 1 EL Senfkörner,
Salz und Pfeffer zu einem Dressing verrühren

ZUSAMMENSTELLEN

Die Auflaufform mit etwas Öl einfetten, Lachsfilets hineinlegen, salzen und pfeffern.

Zwiebeln und Tomaten in die Form zum Fisch legen.

Alles mit 15 ml Olivenöl beträufeln.

GRILLEN

Die Auflaufform auf den Rost unter den Backofengrill stellen.

Alles 8 bis 10 Minuten grillen.

ANRICHTEN

Die Lachsfilets auf Tellern mit den Frühlingszwiebeln und den Tomaten anrichten.

Das Dressing darüberträufeln und servieren.

Buletten, Frikadellen, Klopse

★ ★ ★ Schmecken auch kalt am nächsten Tag ★ ★ ★

für 3-4 Personen

EINKAUFEN

500 g gemischtes Hackfleisch

DIESE ZUTATEN SIND SICHER SCHON DA (FALLS NICHT, BITTE KAUFEN)

1 Brötchen vom Vortag oder 2 Toastbrotscheiben

1 Zwiebel

1 Ei

Salz, Pfeffer

1/2 TL getrockneter Majoran

Öl zum Braten

BEREIT STELLEN

Arbeitsstation / Brett

kleine Schüssel

großer Messbecher

Zwiebelhacker

Rührschüssel

elektrischer Handmixer, bei Bedarf

Bratpfanne

Pfannenwender

ABMESSEN

100 ml lauwarmes Wasser

VORBEREITEN / SCHNEIDEN

Brötchen oder Toastbrot in eine kleine Schüssel geben.

Mit dem lauwarmen Wasser übergießen und durchweichen lassen.

Zwiebel mit dem Messer schälen, vierteln und mit dem Zwiebelhacker fein zerkleinern.

Das Hackfleisch in eine Rührschüssel geben.

Ei aufschlagen.

Brötchen- oder Toastscheiben gut ausdrücken und zusammen mit den Zwiebeln und dem aufgeschlagenen Ei zum Hackfleisch geben.

Alles mit Salz, Pfeffer und Majoran kräftig würzen.

Mit einer Hand oder dem elektrischen Handmixer zu einem geschmeidigen Teig vermengen.

Aus der Fleischmasse mit der feuchten Hand 4 bis 5 cm große Fleischbällchen formen.

BRATEN

In der Bratpfanne etwas Öl erhitzen.

5 bis 6 Buletten (je nach Größe) in die Pfanne setzen, ein wenig flachdrücken und bei starker Hitze anbraten.

Nach etwa 2 Minuten die Hitze reduzieren.

Wenn die Unterseite der Buletten braun ist, mit dem Pfannenwender die Buletten wenden und auf der anderen Seite braten.

Wenn die Buletten gar und von beiden Seiten braun sind, aus der Pfanne nehmen und die restlichen Buletten ebenso zu Ende braten.

TIPP – NICKS SAUCE

Eine gehackte Zwiebel in dem Bratfett anschwitzen.

Mit einem Schuss Rotwein oder Brühe ablöschen.

Etwas Sahne dazu und alles 3 bis 4 Minuten köcheln lassen.

Zum Schluss mit Salz und Pfeffer abschmecken.

Knabberhähnchen

für 2–3 Personen

EINKAUFEN

10 bis 12 Hähnchenteile (Flügel, Keulchen und Brust von einem Brathähnchen)

DIESE ZUTATEN SIND SICHER SCHON DA (FALLS NICHT, BITTE KAUFEN)

Öl

Sojasauce

Barbecuesauce oder Ketchup

1/2 TL gemahlener Pfeffer

Salz

BEREIT STELLEN

Arbeitsstation oder großes Küchenbrett

kleiner Messbecher

Schälchen

Backblech

Backpinsel

ABMESSEN

20 ml Sojasauce

20 ml Ketchup oder Barbecuesauce

Ist aber verflucht schwierig, mit nur einer Hand ein Hähnchen zu zerteilen!

Nick geht da immer zu seinem Geflügelhändler in der Markthalle, der zerteilt es ihm. Flügel und Keulchen einzeln kaufen geht natürlich zur Not auch.

VORBEREITEN

Den Backofen auf 200 °C vorheizen.

Das Backblech (aus dem Backofen) mit etwas Öl einfetten.

Sojasauce mit Ketchup und dem Pfeffer in einem Schälchen zu einer Marinade verrühren.

Die Hähnchenteile auf die Arbeitsstation legen, auf der Unterseite salzen, wenden und mit der Hautseite nach oben auf das Backblech legen.

Mit einem Backpinsel die Marinade auf die Hautseite streichen, darüber etwas salzen.

BRATEN

Das Blech mit den Hähnchenteilen in die Mitte des heißen Backofens schieben, die Hähnchenteile etwa 30 Minuten backen.

Zum Abschluss den Backofengrill auf Stufe 4/5 anstellen und den Hähnchenteilen noch 5 Minuten Farbe geben.

Um zu prüfen, ob die Keulen gar sind, eine Garprobe machen.

Dazu mit einem spitzen Messer oder einem Spieß einen Schenkel anstechen, der austretende Saft muss klar sein.

VARIATION

Für die Zubereitung in der Pfanne die Hähnchenteile erst auf der Hautseite anbraten, dann wenden und auf der Unterseite anbraten.

Mit geschlossenem Deckel die Hähnchenteile etwa 25 Minuten bei geringer Hitze fertig garen.

Lammkronen
mit Ofengemüse

Ich liebe kurzgebratenes Fleisch wie z.B. Steaks – dummerweise lassen sie sich auf dem Teller mit nur einer Hand kaum in mundgerechte Stücke schneiden. Was ich jedoch ebenso liebe sind Lammkronen und -koteletts. Diese leckeren kleinen Dinger haben den Vorteil, dass man sie einfach so in die Hand nehmen und abknabbern kann. Sogar im Restaurant.

PAPRIKA – DIE SCHNEIDE ICH DOCH MIT LINKS

Eine Paprikaschote – gelb, rot oder grün – am Einhänderbrett fixieren und längs halbieren, danach die Hälften mit der Innenseite nach unten legen und längs nochmal halbieren.

Jedes Paprikaviertel mit der Innenseite nach oben wieder am Einhänderbrett fixieren und mit einem kleinen Küchenmesser die weißen Trennhäute und den Stielansatz herausschneiden und die Kerne entfernen.

Die Paprikaviertel nun unter fließendem Wassert waschen, mit Küchenkrepp trocken tupfen und fixiert je nach Bedarf in noch kleinere Stücke schneiden.

Lammkronen mit Ofengemüse

für 2 – 3 Personen

EINKAUFEN

250 bis 300 g kleine Tomaten

1 rote Paprikaschote

1 gelbe Paprikaschote

1 Gemüsezwiebel

2 kleine Zucchini

6 bis 9 Lammkotellets von der Lammkrone

DIESE ZUTATEN SIND SICHER SCHON DA (FALLS NICHT, BITTE KAUFEN)

Meersalz, frisch gemahlener Pfeffer

Olivenöl

1/2 Zitrone

frischer Rosmarin (1 Zweig, wer ihn mag)

Backpapier

BEREIT STELLEN

Arbeitsstation / Einhänderbrett

kleiner Messbecher

Zitronenpresse

Gratinform, schwere Bratpfanne

ABMESSEN

20 ml Olivenöl

WASCHEN & ABTROPFEN LASSEN

Tomaten und Zucchini

VORBEREITEN / SCHNEIDEN

Tomaten auf der Arbeitsstation oder dem Einhänderbrett fixieren und halbieren.

Paprikaschoten längs vierteln, Stielansatz und Kerne entfernen (wie auf der Seite zuvor), große Stücke eventuell nochmal längs halbieren.

Von den Zucchini den Stielansatz abschneiden und fixiert in 1 cm-Scheiben schneiden.

Gemüsezwiebel fixieren, die Wurzeln und das andere Ende abschneiden, die Schale abziehen.

Die Zwiebel längs halbieren, jede Hälfte auf der Arbeitsstation fixiert quer in dicke Ringe schneiden.

Zitronenhälfte mit der Zitronenpresse oder der Hand auspressen.

Backofen auf 200 Grad vorheizen.

ZUSAMMENSTELLEN

Das Gemüse nach Sorten getrennt in eine Gratinform schichten, salzen und pfeffern.

Olivenöl mit dem Zitronensaft mischen und über das Gemüse gießen.

GEMÜSE IM OFEN GAREN

Die Form mit Backpapier abdecken, verschließen und im heißen Ofen auf der Mittelschiene eine Stunde garen. Die letzten 10 Minuten Backpapier entfernen.

LAMMKRONEN BRATEN

In der Bratpfanne etwas Olivenöl heiß werden lassen und die Lammkronen von jeder Seite etwa 2 Minuten braten, zwischendurch wenden.
Erst nach dem Wenden salzen und eventuell pfeffern.

Tipp: Bei dieser kurzen Bratzeit bleiben die Lammkronen innen rosa.
Wer das nicht mag, brät sie ein bis zwei Minuten länger, dann sind sie durchgebraten.

ANRICHTEN

Das Ofengemüse auf Tellern anrichten, darauf je 3 Lammkronen pro Person aufstellen.

Curry mit Schweinefleisch

für 4 Personen

EINKAUFEN

600 g Schweinegulasch

1 große Gemüsezwiebel (oder 2 normale Zwiebeln), 1 rote Paprikaschote

TK-Erbsen (benötigt werden 100 g)

1 Dose Kokosmilch mit Ring-Verschluss (à 400 ml)

DIESE ZUTATEN SIND SICHER SCHON DA (FALLS NICHT, BITTE KAUFEN)

1 Knoblauchzehe

30 ml Öl

3 TL Currypulver

20 ml Fischsauce

Salz

BEREIT STELLEN

Arbeitsstation / Einhänderbrett

Knoblauchschlauch, Zwiebelhacker

kleiner Messbecher, Küchenwaage

Schmorpfanne mit Deckel

ABWIEGEN & -MESSEN

100 g TK-Erbsen

30 ml Öl

20 ml Fischsauce

WASCHEN & ABTROPFEN LASSEN

Paprikaschote

NICKS LIEBLINGS-CURRY

20 g Koriandersamen,
30 g getrocknete Chilischoten,
60 g Kreuzkümmelsamen,
4 Gewürznelken,
4 cm Zimtstange,
30 g schwarze Pfefferkörner,
4 grüne Kardamonkapseln,
2 Kapseln Sternanis und
60 g Fenchelsamen röstet er nacheinander,
bis sie intensiv zu duften beginnen, und lässt
sie danach abkühlen. Im schweren Steinmörser
zerreibt er sie fein und mischt alles mit
30 g gemahlenem Kurkuma. Lässt sich in Gläser
füllen und gut verschlossen an einem kühlen,
dunklen Ort aufbewahren.

VORBEREITEN / SCHNEIDEN

Zwiebel fixieren und mit dem Messer schälen, Knoblauch mit dem Schlauch schälen, beides mit dem Zwiebelhacker zerkleinern.

Paprikaschote putzen und entkernen, auf der Arbeitsstation in 2-cm-Würfel schneiden.

Kokosmilchdose öffnen.

ZUBEREITEN IN DER PFANNE

Öl in der Schmorpfanne erhitzen, das Schweinefleisch darin anbraten.
Darüber das Currypulver stäuben.

Gemüsezwiebel, Paprika und Knoblauch zufügen und mitbraten.

Alles mit der Kokosmilch ablöschen und etwa 25 Minuten zugedeckt köcheln lassen.

Die Erbsen dazugeben und alles 10 Minuten weiterköcheln.

Das Curry mit Fischsauce und eventuell Salz abschmecken.

TIPP

Dazu schmecken Reis oder indisches Fladenbrot und ein pikantes Chutney.

Rindergulasch

Für 4 Personen

EINKAUFEN

2 große Gemüsezwiebeln

500 g Rindergulasch

1 Glas eingelegte, getrocknete Tomaten (benötigt wird die Hälfte)

1 kleiner Becher Crème fraîche (davon 4 EL)

DIESE ZUTATEN SIND SICHER SCHON DA (FALLS NICHT, BITTE KAUFEN)

Öl

Salz, Pfeffer

1 EL edelsüßes Paprikapulver & 1 TL rosenscharfes Paprikapulver

1 EL Tomatenmark

Rotwein (benötigt werden 125 ml)

125 ml Fleischbrühe (vom Rezept Seite 26 oder aus gekörnter Brühe)

BEREIT STELLEN

Arbeitsstation / Einhänderbrett

Zwiebelhacker

mittelgroßes, feines Sieb

Schmorpfanne mit Deckel

tiefer Teller

großer & kleiner Messbecher

ABMESSEN

30 ml Öl

125 ml Rotwein

125 ml Fleischbrühe

VORBEREITEN / SCHNEIDEN

Gemüsezwiebeln auf der Arbeitsstation fixiert mit dem Messer schälen und grob zerschneiden.

In Portionen nacheinander mit dem Zwiebelhacker zerkleinern.

Die Hälfte der Tomaten in ein Sieb geben und abtropfen lassen, in Streifen schneiden.

SCHMOREN

In der Schmorpfanne das Öl erhitzen und die Hälfte der Rindfleischstücken braun anbraten.

Dann aus der Pfanne nehmen und zwischendurch auf einen tiefen Teller tun.

Die zweite Hälfte Fleisch braun anbraten.

Das Fleisch vom Teller wieder zurück in die Pfanne geben.

Alles mit Salz, Pfeffer, edelsüßem und rosenscharfem Paprikapulver würzen.

Zwiebeln zugeben und ebenfalls mitbraten.

Das Tomatenmark und die Tomatenstreifen zugeben, den Rotwein sowie die Fleischbrühe angießen.

Alles etwa 1 Stunde zugedeckt schmoren lassen.

Wenn das Fleisch gar ist, das Gulasch nochmals abschmecken.

Dann die Crème fraîche unterrühren.

DAZU PASSEN

Klöße, Gnocchi, Nudeln, Kartoffeln und Reis.

AUFBEWAHREN

Reste lassen sich gut einfrieren.

Süßes & Kuchen

Tiramisu

für 6 Personen

EINKAUFEN

500 g Mascarpone

200 g Löffelbiskuits

Kaffeelikör (oder Amaretto oder Weinbrand – davon 20 ml)

DIESE ZUTATEN SIND SICHER SCHON DA (FALLS NICHT, BITTE KAUFEN)

Zucker (4 EL & 100 g)

200 ml heißer starker Kaffee (etwa 2 Tassen)

4 sehr frische Eier (davon die Eigelbe)

1 EL geriebene Zartbitterschokolade oder Kakaopulver

BEREIT STELLEN

großer & kleiner Messbecher

Rührschüssel

Handmixer

Auflauf- oder Springform

Frischhaltefolie

ABWIEGEN & -MESSEN

20 ml Kaffeelikör (oder Amaretto oder Weinbrand)

200 ml Kaffee (etwa 2 Tassen)

100 g Zucker

VORBEREITEN

4 EL Zucker im Kaffee auflösen, abkühlen lassen und den Likör zufügen.

Eier aufschlagen, Eigelb vom Eiweiß trennen.
Eiweiß anderweitig verwenden.

VERRÜHREN

Eigelbe und abgewogenen Zucker in eine Rührschüssel geben, mit dem Handmixer zu einer dicken Creme schlagen, Mascarpone zufügen und gut untermischen.

SCHICHTEN

In die Auflaufform eine Lage Löffelbiskuits legen, großzügig mit dem Kaffee beträufeln und eine Schicht Mascaponecreme darübergeben.

Ein- bis zweimal wiederholen, mit der Creme aufhören.

KÜHLEN

Das Tiramisu mit Frischhaltefolie abdecken und einen halben Tag im Kühlschrank durchziehen lassen.

ANRICHTEN

Vor dem Servieren das Tiramisu mit der geriebenen Schokolade bestreuen.

AUFBEWAHREN

Schmeckt auch noch am nächsten Tag, wenn was übrigbleibt.
Muss aber über Nacht in den Kühlschrank.

Panna cotta

für 4 Personen

EINKAUFEN

500 ml-Packung Schlagsahne

vielleicht auch Obst für die Sauce, z.B. Erdbeeren, Aprikosen oder gefrorenes Obst

Puderzucker

DIESE ZUTATEN SIND SICHER SCHON DA (FALLS NICHT, BITTE KAUFEN)

40 g Zucker

1 EL Vanillezucker

1 Biozitrone (davon 1 Stückchen von der Schale)

4 Blatt weiße Gelatine

BEREIT STELLEN

Arbeitsstation / Einhänderbrett

1,5-Liter-Topf mit Stiel

kleine Schüssel

Küchenwaage

Schale / Schüssel zum Festwerden der Panna cotta

ABWIEGEN

40 g Zucker

VORBEREITEN / SCHNEIDEN

Zitronenschale mit dem Schäler der Arbeitsstation abschälen.

Eine kleine Schüssel mit kaltem Wasser füllen und die Gelatine darin einweichen.

KOCHEN

Sahne, Zucker, Vanillezucker und Zitronenschale in einen kleinen Stieltopf geben und etwa 10 Minuten bei mittlerer Hitze kochen.

Die Zitronenschale aus der Sahne nehmen.

Gelatine ausdrücken und in der noch heißen Sahne auflösen.

KÜHLEN

Die abgekühlte Flüssigkeit in eine Schale/Schüssel füllen und im Kühlschrank 4 Stunden fest werden lassen.

ANRICHTEN

Von der festen Panna cotta mit einem Esslöffel pro Portion 2 bis 3 Nocken abstechen und auf Dessertteller verteilen.

Mit einer oder mehr fruchtigen Saucen servieren.

Eierkuchen mit Blaubeeren

für 2 Personen

EINKAUFEN

125 g Blaubeeren

DIESE ZUTATEN SIND SICHER SCHON DA (FALLS NICHT, BITTE KAUFEN)

2 Eier

200 ml Milch

Mineralwasser

150 g Mehl

Salz

Öl zum Braten

Ahornsirup

BEREIT STELLEN

großer Messbecher

Küchenwaage

Rührschüssel

elektrischer Handmixer

beschichtete Pfanne

Pfannenwender

großer Teller

ABWIEGEN & -MESSEN

200 ml Milch

100 ml Mineralwasser

150 g Mehl

VORBEREITEN

Eier aufschlagen.

TEIG RÜHREN

Eier in die Rührschüssel geben.

Mit der Milch und mit etwa der Hälfte vom Mineralwasser mit dem Handrührer verrühren.

Nach und nach das Mehl und 1 Prise Salz unterrühren.

Eventuell noch Wasser zufügen, falls der Teig zu dickflüssig ist.

Den Teig etwa 30 Minuten stehen lassen, damit er ausquellen kann.

Dann die Hälfte der Blaubeeren unter den Teig mischen.

BRATEN

Die Pfanne erhitzen, etwas Öl hineingeben.

In der Pfannenmitte eine Schöpfkelle Eierkuchenteig verteilen.

1 Minute backen, den Eierkuchen wenden und eine weitere Minute backen.

Den fertigen Eierkuchen auf einen Teller geben.

Weitere Eierkuchen backen, bis der Teig aufgebraucht ist, insgesamt etwa 4 bis 5 Stück.

ANRICHTEN

Die Eierkuchen mit Ahornsirup süßen.

Mit den restlichen Blaubeeren servieren.

Konfitüre

Erdbeeren & mehr

Dass Marmelade-, sorry, Konfitürekochen so einfach geht, hätte ich nicht gedacht. Und selbst gemacht schmeckt sie mindestens doppelt so gut! Wenn ihr dann noch die Erdbeeren dafür selber pflückt, aus dem eigenen Garten oder vom Feld, wisst ihr auch ganz genau, was drin ist!

Rechts seht ihr mich übrigens beim Frühstück mit meinem Cousin Tim, der den Captain Cook und seinen Papagei Papayo erfunden und gezeichnet hat.

SAUBER EINFÜLLEN – DAS MACH ICH AUCH MIT LINKS

Wie kommt die heiße Konfitüre in die Gläser, ohne dass der Rand bekleckert wird? Mit einem speziellen Trichter, der eine extra breite Öffnung hat. Das ist wichtig, weil der Rand beim Schließen des Schraubglases hundertprozentig sauber sein muss. Und wenn nicht? Dann hält sich die Konfitüre nicht so lange – normalerweise etwa ein Jahr.

Witzigerweise heißt diese Küchenhilfe Marmeladentrichter. Deshalb verrate ich euch noch den Unterschied: Marmelade dürfen eigentlich nur Fruchtaufstriche aus Zitrusfrüchten heißen, alles andere sind Konfitüren – sagt die deutsche Konfitürenverordnung und eine EU-Vorschrift.

VINTAGE

NEWORK
VINTAGE

Erdbeerkonfitüre & Variationen

für 3-4 kleine Gläser

PFLÜCKEN / EINKAUFEN

750 g Erdbeeren

250 g Gelierzucker 1:2

DIESE ZUTATEN SIND SICHER SCHON DA (FALLS NICHT, BITTE KAUFEN)

1/2 Zitrone

BEREIT STELLEN

Arbeitsstation / Einhänderbrett

Küchenwaage

Zitronenpresse

3-Liter-Topf mit Stiel

kleiner Teller

Schöpfkelle

Marmeladentrichter

3 bis 4 kleine Gläser mit Schraubverschluss

ABWIEGEN & -MESSEN

250 g Gelierzucker 1:2

500 g Erdbeeren

VORBEREITEN

Die Gläser und Deckel gründlich heiß auswaschen.

Umgedreht zum Abtropfen auf ein Küchentuch stellen.

Erdbeeren waschen und entstielen.

Die halbe Zitrone auspressen.

Schmeckt selbstgekocht einfach besser!

ZERKLEINERN

Die abgewogenen Erdbeeren vierteln, bzw. zerkleinern.

Den Rest anderweitig verwenden.

MISCHEN

Erdbeeren, Zitronensaft und Gelierzucker in den Kochtopf geben.

Alles gut mischen und 30 Minuten durchziehen lassen.

KOCHEN

Die Mischung aufkochen. Unter ständigem Rühren 4 Minuten sprudelnd kochen lassen.

Gelierprobe machen: dafür einen Teelöffel von der Erdbeerkonfitüre nehmen, auf einen kleinen Teller geben und schauen, ob die Konfitüre beim Erkalten geliert, bzw. fest wird, wenn man den Teller schräg hält.

Ist sie noch flüssig, dann 2 bis 3 Minuten länger kochen.

EINFÜLLEN

Durch den Trichter die Konfitüre noch heiß in die ausgespülten Gläser bis zum Rand einfüllen.

Diese sofort fest verschließen und 5 Minuten auf den Kopf stellen.

VARIATIONEN

Auch aus Himbeeren, Brombeeren, Stachel- und Johannisbeeren lassen sich leicht Konfitüren zubereiten.

Etwas mühsamer geht's mit Aprikosen, Kirschen und Pflaumen, weil die Kerne erst entfernt werden müssen.

Alle Früchte erst waschen, dann zerkleinern oder pürieren und eventuell wegen der kleinen Kerne durch ein Sieb streichen.

Mit Gelierzucker (immer zwei Teile Früchte, ein Teil Gelierzucker 1:2 – oder im gleichen Mengenverhältnis mit Gelierzucker 1:1) und etwas Zitronensaft einkochen und fertig!

Rhabarber- & Pflaumencrumble

für 4–6 Personen

RHABARBERCRUMBLE

EINKAUFEN

600 g Rhabarber

DIESE ZUTATEN SIND SICHER SCHON DA (FALLS NICHT, BITTE KAUFEN)

200 g Mehl

100 g Zucker

1 Messerspitze gemahlener Zimt

1 EL Vanillezucker

1 TL Butter zum Einfetten der Form

100 g kalte Butter

BEREIT STELLEN

Arbeitsstation / Einhänderbrett

Küchenwaage

Tarte- oder Auflaufform

Rührschüssel

ABWIEGEN

200 g Mehl

100 g Zucker

100 g kalte Butter

WASCHEN & ABTROPFEN LASSEN

Rhabarber

VORBEREITEN / SCHNEIDEN

Backofen auf 180° vorheizen.

Die Tarteform mit Butter ausstreichen.

Die 100 g Butter in kleine Stücke schneiden.

Vom Rhabarber die Enden abschneiden, die Stangen auf der Arbeitsstation in 5-cm-Stücke schneiden und in der Form verteilen.

MISCHEN

Mehl, Zucker, Zimt und Vanillezucker in der Rührschüssel vermischen. Die kalten Butterstücken dazugeben und alles mit den Fingern zu Streuseln verarbeiten.

BACKEN

Die Rhabarberstücken in der Tarteform mit den Streuseln bedecken und in der Mitte des heißen Ofens etwa 35 Minuten backen, bis die Streusel goldbraun sind.

ANRICHTEN

Den Crumble warm oder kalt servieren.

DAZU PASST

Zu beiden Crumbles schmeckt Vanille-Eis oder nur leicht angeschlagene Schlagsahne.

PFLAUMENCRUMBLE

EINKAUFEN

750 g Pflaumen (oder entsteinte im Glas)

DIESE ZUTATEN SIND SICHER SCHON DA (FALLS NICHT, BITTE KAUFEN)

200 g Mehl

1 EL Puderzucker, 3 EL brauner Zucker

1 Messerspitze gemahlener Zimt

2 EL Haferflocken

1 TL Butter zum Einfetten der Form

100 g kalte Butter

BEREIT STELLEN

Arbeitsstation / Einhänderbrett

Küchenwaage, Rührschüssel

Pflaumenentsteiner für frische Pflaumen

oder Küchensieb für Pflaumen aus dem Glas

Tarte- oder Auflaufform

ABWIEGEN

200 g Mehl

100 g kalte Butter

WASCHEN & ABTROPFEN LASSEN

frische Pflaumen

VORBEREITEN / SCHNEIDEN

Backofen auf 180° vorheizen.

Die Tarteform mit Butter ausstreichen.

Die 100 g Butter in kleine Stücke schneiden.

Die Pflaumen entsteinen.
Oder Pflaumen aus dem Glas in ein Sieb schütten und gut abtropfen lassen.

Die Pflaumen in der Form verteilen.

Puderzucker und Zimt mischen,
die Früchte damit bestreuen.

MISCHEN

Mehl, braunen Zucker und Haferflocken in einer Rührschüssel vermischen.

Die kalten Butterstücken dazugeben und alles mit den Fingern zu Streuseln verarbeiten.

BACKEN

Die Pflaumen mit den Streuseln bedecken.

Im heißen Ofen etwa 25 Minuten backen, bis die Streusel goldbraun sind.

Warm oder kalt servieren.

ANRICHTEN

Den Crumble warm oder kalt servieren.

Käsekuchen

für 12 Stücke

EINKAUFEN

500 g-Becher Sahnequark

500 g-Becher Magerquark

250 g-Päckchen Butter

DIESE ZUTATEN SIND SICHER SCHON DA (FALLS NICHT, BITTE KAUFEN)

4 Eier

250 g Zucker

3 EL Vanillezucker

1 Prise Salz

150 g Hartweizengrieß

1 Päckchen Backpulver

1 Zitrone

3 bis 4 EL Semmelbrösel

BEREIT STELLEN

Küchenwaage

Zitronenpresse

Rührschüssel

Handmixer

Springform, 26 cm Durchmesser

ABWIEGEN

250 g Zucker

150 g Hartweizengrieß

VORBEREITEN

Eier aufschlagen.

Butter in Stücke schneiden.

Backpulverpäckchen öffnen.

Die Zitrone quer halbieren und auspressen.

Backofen auf 200 °C vorheizen.

Die Springform einfetten.

Den Boden mit Semmelbröseln bestreuen

TEIG RÜHREN

In der Rührschüssel die Eier mit der in Stücke geschnittenen Butter, Zucker, Vanillezucker und Salz mit dem Handmixer cremig rühren.

Hartweizengrieß und Backpulver zugeben und gut mit dem Teig verrühren.

Zum Schluss den Quark und Zitronensaft unterrühren.

BACKEN

Die Quarkmasse in die Springform geben.

Den Käsekuchen 50 Minuten im heißen Ofen auf der mittleren Schiene backen.

ANRICHTEN

Den Käsekuchen erst auskühlen lassen, bevor er aus der Form gelöst und in Stücke geschnitten werden kann.

Alphabetisches Rezeptverzeichnis

Vegetarische Rezepte sind mit einem ❄ gekennzeichnet

MARTINA TSCHIRNER

ist die Mutter von Nick Tschirner. Die freie Foodjournalistin leitete 16 Jahre die Redaktion des „Slow Food Magazins", hat auch bei verschiedenen Sendern vor der Kamera gekocht. Sie ist Mitglied im Food Editors Club e. V. und hat mit „Das Einhänderkochbuch" ihr zehntes Kochbuch veröffentlicht. 2018 ist „Das Einhänderkochbuch Zwei" erschienen – mit Rezepten für alle Jahreszeiten, unabhängig vom ersten Buch. Das neueste Buch „Easy Einhänderküche" (2023) ist ein nachhaltiges Kochbuch.

IMPRESSUM

Redaktion Martina Tschirner, www.martina-tschirner.de
Gestaltung & Satz Caroline Gärtner, Damelack
Fotografie Stefan Abtmeyer, Damelack
Illustrationen Tim Sterniczuk, Berlin
Digitale Bearbeitung der Illustrationen Birgit Schlesinger, www.grafikmaschine.de
Druck Pinguin Druck GmbH Berlin, www.pinguindruck.de

www.einhaenderkochbuch.de

Printed in Germany | ISBN 978-3-00-045859-0

5. Auflage 2024

edition slow hand